しあわせ整形

整形らびちゃん 著

大洋図書

はじめに

美容整形で「理想の自分」に近づこう!

はじめまして! インフルエンサーの整形らびちゃん(Rabichan)です。整形についてSNSで発信を行っています。

私は、これまで美容整形に4000万円以上課金して、全顔フル整形を4周しています。具体的には輪郭骨切り6回、目13回、鼻9回、唇7回。その他、ボトックスやヒアルロン酸などの注入治療やレーザー治療などの肌管理も継続的に行っています。

最初に整形したのは、学生のとき。仲が良かった友達が、埋没二重手術をしたのがきっかけです。

私はもともと奥二重で、毎日アイプチで幅広二重を苦労して作っていました。整形して二重になった友達を見て「いいな!」と思い、翌日にはすぐクリニックに電話、3日後には埋没二重

Before

埋没二重のプチ整形が美容整形にハマるきっかけ。もともと目は奥二重で、大人っぽい顔立ちだった

After

今の顔は全顔フル整形4周目、面長から中顔面の短い童顔に。今後も自分の「可愛い」を更新していきたい！

の整形をしました。

学生のころってその場のノリで、可愛くなれるならマネしたいと思うもの。新しいメイクやエクステをつける感覚です。価格もお手頃で確か4万円くらいだったと思います。

この目を二重にする手術が最初で、それから20年以上、整形をし続けてきました。〝整形沼〟といって、整形を繰り返す人は少なくありませんが、目の次は鼻、というようにパーツの欠点をつぶしていく人が多いようです。

私のように骨からフル整形で、1周目の顔、2周目の顔、3周目の顔、4周目の顔と全部変えている人はあまりいないので、かなり珍しいと思います。

私はこれまでさまざまな整形手術をしており、あきらかな失敗や「こうすればよかった！」という後悔もありま

美容整形インフルエンサーとしてYouTube、Instagram、XなどSNSで実体験に基づく有益情報を発信中。オンラインサロンも主宰している

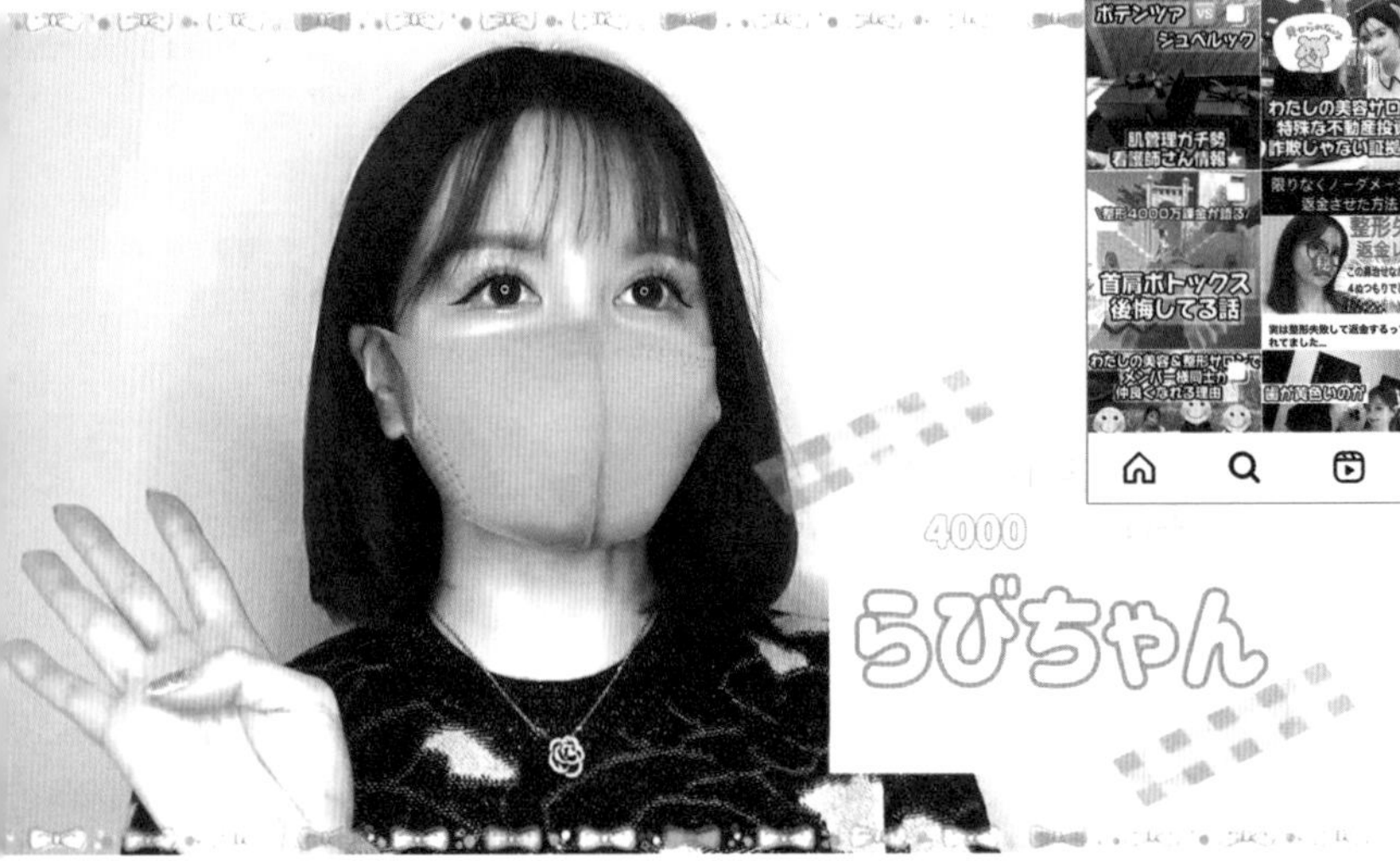

すが、それも経験を積めたと前向きに捉えています。

　また、これまで試行錯誤を重ねた中で、「どういう風に整形したらいいのか」という実体験による見識を身に付けることができました。ここが他の美容系インフルエンサーとの違いだと思っています。

　本書は、初めて整形する人に向けて書いた本です。整形に興味を持って本屋さんへ行っても、美容の本は山ほどあるのに、美容整形の本はあまり見かけません。あったとしてもドクターが書いた本で、ユーザー目線の本ではないようです。

　ネットで探しても、今度は情報が多すぎて、「どんな方法があるのか」「どれが自分に合っているのか」「どの病院を選べばいいのか」が、わかりにく”

整形歴20年、
フル整形4周、
4000万円課金
してわかった
失敗しないためのノウハウを
お伝えします！

“

いと思います。なので、そこを経験者としてみんなに伝えたいと筆をとりました。

失敗整形の多くは、知識がないまま、広告などを見ていきなりクリニックに行き、言われるがまま契約してしまうことで発生しています。まずはこの本を読んで一通り勉強してもらって、それで何が必要か、何をやればいいのかをしっかり考えてから、カウンセリングに行くようにしてくださいね。

今回は、私の経験やこれまで発信してきた内容などを一冊にまとめ、より分かりやすい形でそれを皆さんにお伝えしたいと思います。この本を読んで、いろいろ美容整形を検討する際の参考にしてもらい、納得がいく整形ができてハッピーになってもらえたらとっても嬉しいです。

4000万超え課金インフルエンサーが教える
はじめての美容整形パーフェクトブック
しあわせ整形

目次

Chapter 2
鼻

Chapter 3
肌

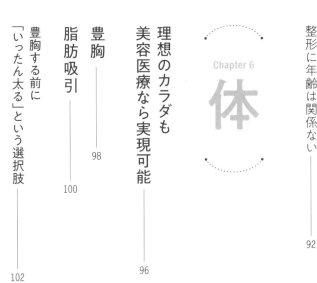

あなたは**どんな顔**になりたいですか？

「もっと綺麗になりたい！」、「もっと可愛くなりたい！」そう思ってあなたは本書を手に取られたことでしょう。

では、あなたの考える「綺麗な顔」「可愛い顔」とはどのような顔でしょうか？　さらにいえば、あなたが「なりたい顔」とはどのような顔でしょうか？

芸能人、モデル、インフルエンサーから友人知人、ネットで見かけた美人まで、世の中はあらゆるタイプの美人で溢れています。その中から自分の「なりたい顔」を集めていくつかに絞り込んでみてください。

すると、自分の「なりたい顔」には一定の傾向があることに気づかれると思います。それがあなたの好み、タイプなのです。どこが好きなポイントなのか、共通しているのはどこなのか、

自分の中の「好きな顔」「嫌いな顔」を知ることが「理想の顔」に近づく第一歩

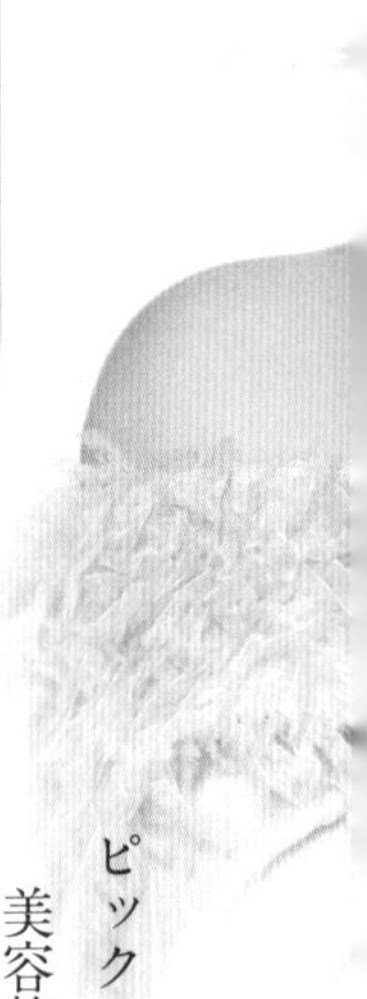

ピックアップしてみましょう。

美容整形をスタートする前にこの作業を行うのは、先にゴールを決めずにスタートすると、途中でどこに向かっているのかわからなくなり、整形沼にハマってしまうからです。

美というのは微妙なバランスで成り立っているもの。「一重が嫌だから二重に」、「鼻が低いから高く」と場当たり的にパーツの整形を重ねていっても、元のバランスが整わないままでは「コレジャナイ！」という残念な仕上がりになってしまうことも多いのです。

無駄なやり直しをしないようにするためにも、流行に流されず、絶対にブレない自分の好みを見つけて「なりたい顔」にどうやって近づけていくのか、最初に道筋を考えることが大切です。

《 若見え、かわいい

丸顔 type

丸顔の特徴は、顔の縦幅が短く横幅が広いこと。おでこや頬が丸く、あごのラインも短くなだらか。若々しくキュートな印象。目の位置が低い、目と目の間が広い、目から鼻までの距離が短いなどの要素が加わるとさらに幼く

自分のなりたい顔をゴールだとすれば、現在の顔はスタート地点です。まずは自分の顔をしっかり鏡で見てみましょう。顔の形を大きく2タイプ、「丸顔」と「面長」に分けた場合、あなたの顔はどちらに当てはまるでしょうか。「エラが張っていて四角い」、「丸くて長い」などタイプ分けに迷う方も、ここではざっくり「どちらかといえば」でお考えください。そして自分の顔タイプを見極めたうえで、良いところを伸ばすのか嫌いなところをなおすのか決めていきましょう。

重要なポイントになる「目の位置」も確認してください。目が顔全体に対して上のほうにあるのか、下のほうにあるのか。そして目の位置が寄っているのか（求心顔）、離れているのか（遠心顔）によっても、なりたい顔への道

クールで大人っぽい 》

面長 *type*

面長の特徴は、顔の縦幅が長く横幅が狭いこと。おでこが広く、あごのラインは長くシャープで落ち着いた印象。目の位置が高い、目と目の間が狭い、目から鼻先までの距離が長いなどの要素が加わるとさらに大人顔に

筋は変わってきます。

自分とは違う顔タイプになりたい場合、丸顔が面長に寄せていくのは比較的簡単ですが、面長が丸顔に寄せていくのは難易度が上がります。現在は骨を削る整形も可能ですが、大がかりな手術で身体的にも経済的にも負担が大きく、リスクも高まります。できれば顔タイプを生かしながら、トータルなデザインで印象を寄せていくことをオススメします。

たとえば面長で大人っぽい顔の人が童顔にしたいのならば、鼻のてっぺんと黒目を結んだ三角が短いほうが幼く見えるので、「鼻を短く」したほうが早いかもしれません。丸顔が大人っぽい顔に寄せていく際には、逆の整形をすればいいということです。

自分の顔の どこを変えたい？

顔の下半分が気になる人は、鼻、頬骨、口元、頬、エラ、あごなどに問題があるのかも。パーツの形が問題なのか、あるいは皮膚や脂肪に問題があるのか、土台やバランスの問題なのか、よく観察して現状を把握しよう

ここから先は、目や鼻、口元、輪郭などのパーツごとの整形についてご紹介していきます。その前に、自分がなおすべきパーツはどこなのか、そしてどのようになおすべきなのかを確認しておきましょう。今の整形技術はとても進歩しているので、お金と時間さえあれば、なりたい顔に近づける方法はいくらでもあります。だからこそ、まず準備段階として今後の大きな流れを掴んでおくことが大切です。

よく「目さえもっと大きければ可愛くなる」と思っている人が多いのですが、それは単なる思い込みかもしれません。実際は目を大きくするのではなく、鼻を小さくしたり、頬の脂肪吸引をしたりすることで、バランスがよくなるケースもあります。

「自分の顔の、どこを整形したらいい

顔の上半分が気になる人は、「目」に不満があるケースがほとんど。目は顔で一番目立つパーツだけに、大きさや形、まぶたの形状、位置、左右差などお悩みもさまざま。どこが理想と違うのか、自分の目を客観的に観察してみよう

顔の一部を手で隠して気になるパーツを見つけよう

のかわからない」という人は、まずは自分の顔の上半分、下半分を手で隠してみてください。

上半分を隠した顔のほうが好きな人は目元に、下半分を隠した顔のほうが好きな人は口元やあごなどに、好きになれない部分があるのもしれません。上半分と下半分、どちらもピンとこないという人は、顔の中央部分にあたる、鼻や中顔面の長さ、頬骨などになおすべきポイントがあるのかもしれません。

さらに細かく自分の現状を確認したい人は、顔タイプ診断などでプロのアドバイスを受けるのもオススメです。なりたい顔の写真を持っていくと、自分の顔との違いや、どこをどうなおせばいいのかなどを、詳しく教えてもらうことができます。

目【め】

プチ整形から本格手術まで目元を変えれば顔の印象が大きく変わる！

人の第一印象を決めるのは、なんといっても「目」です。大きい目、すっきりした目、明るい目、つぶらで可愛い目など、目元の好みはさまざまですが、好感度の高い目元に共通しているのは、目がしっかり開いていて、左右のバランスが整っていることです。

日本で一番多く行われている美容整形手術は、一重まぶたを二重まぶたにする手術です。

アイプチなどの二重まぶた用の商品も売られていますが、まぶたの皮膚は薄くて刺激に弱く、長期間の使用はかぶれや皮膚のたるみにつながります。

プチ整形という言葉も一般化した現在「いずれ二重にするなら、早いうちに」ということで、進学や就職するタイミングで、親御さんがお子さんをクリニックに連れて

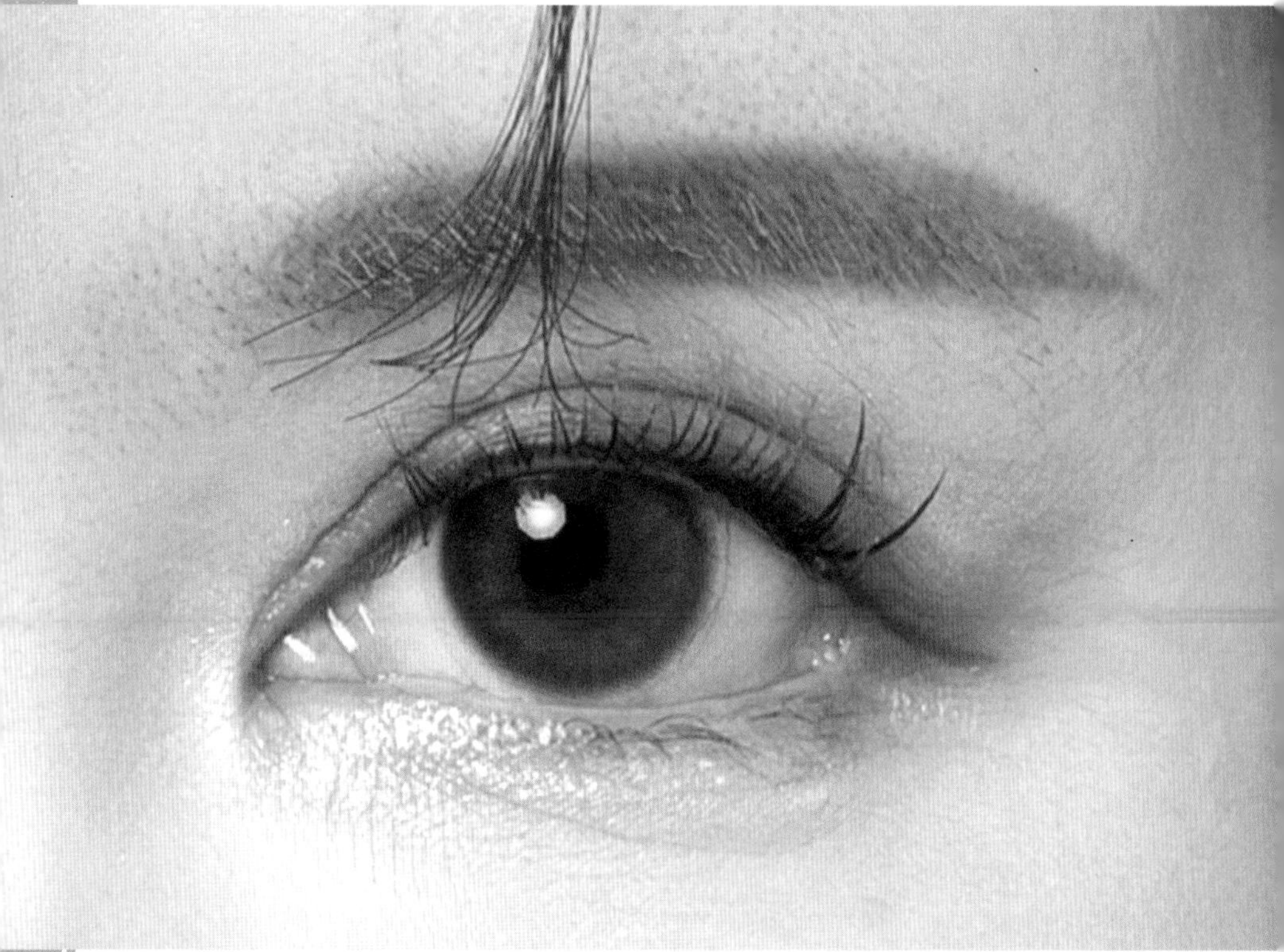

くるケースも増えています。

目を整形する際に気を付けたいのは、単に「目」だけではなく、顔全体を見て、その人の個性や好みに合う術式を選ぶこと。

たとえば「目が小さい」という悩みがある場合、ただ二重にしただけでは問題は解決しないかもしれません。目が小さい理由がまぶたにあるのか、目の幅にあるのか、目の開きにあるのかなどによって、解決方法は変わってきます。

ぱっちりした二重の大きな目を目指すのなら、まずは目を大きくする手術を先にしてから二重にしないと、結局やり直しになってしまいます。なにより大切なのは、センスと技術力がある、信頼できるドクターを探すことです。広告やＨＰを鵜呑みにせず、実際にＳＮＳなどの口コミも確認して、いくつかカウンセリングに回ってから決めるようにしてください。

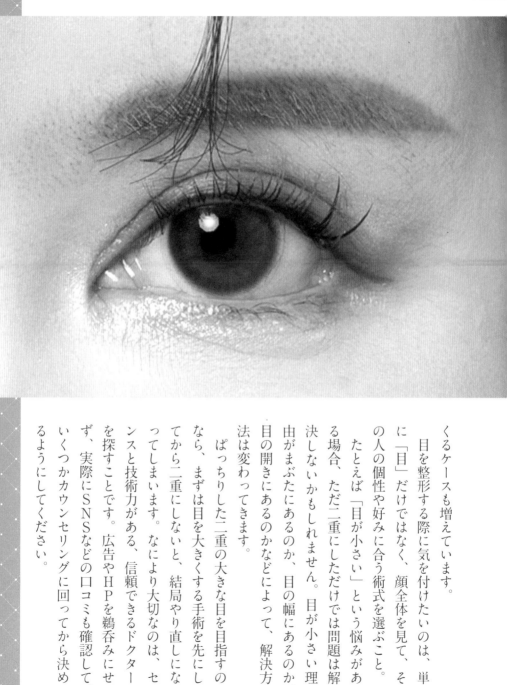

二重埋没法

メスを使わずお手軽ぱっちり

まぶたの皮膚の内側に細いナイロン糸を通して、挙筋や瞼板へ数カ所固定することで、開眼時に二重のラインを形成する。クリニックや術式による差はあるが、比較的安価で術後の腫れが少なく、元に戻せるのでお試し整形にもオススメ

「二重埋没法」はメスを使わず、特殊な細いナイロン糸でまぶたの中を縫い留めることで、二重まぶたを形成する施術です。初めての整形手術として「二重埋没法」を選択する方が多く、男女問わず人気を集めています。

埋没法のメリットは簡単で価格が安いことです。手術は短時間（10分～30分程度）で終了します。腫れなどのダウンタイムも少ないためハードルも低いです。ただ、普通の手術に比べて腫れないとはいえ、通常3日間くらいは腫れると考えておいてください（個人差はあります）。

気軽に受けられる理由の一つには、「もし気に入らなかった場合は、糸を外せば元に戻せる」という点もあります。逆にいえば、埋没法でつくった二重は元に戻りやすいというのが最大の

Check!

「二重の幅」がポイント

埋没法は取れやすいのがデメリット。持ちを良くするためにも、本来の目の形に合った控えめな二重幅を心掛けて。無理に幅広二重にすると、取れやすいだけでなく、「ハム目」といわれる厚ぼったく不自然な二重になることも

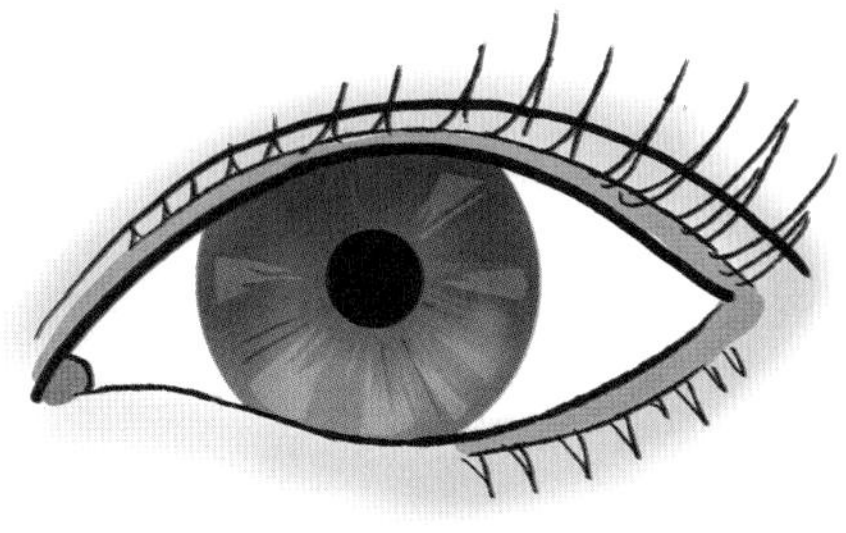

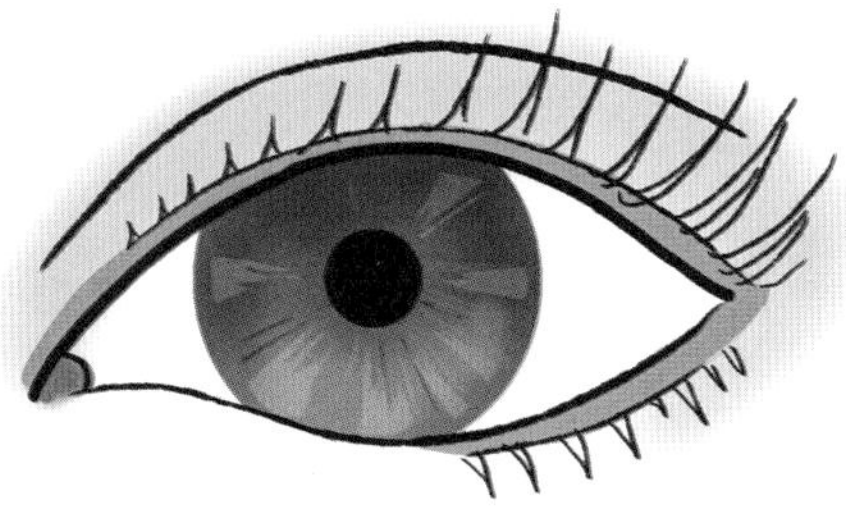

デメリットです。何年間も綺麗な二重をキープできる人がいる一方で、数週間～数カ月で糸が外れてしまう人もいます。

とくにまぶたの脂肪が厚い人や、二重幅を広くした場合などは、糸にかかる負担が大きいため外れたり緩んだりしやすい傾向があります。

埋没二重の糸留めの数は、1点留め、2点留め～多いところでは6点留めなどがあります。留める数はその人の目のタイプやドクターの方針によって変わってきますが、数が増えるほど外れにくくなり、値段も高くなります。

糸玉が見えないようまぶたの裏側から留める、糸玉をつくらずループ状に縫い留めるなど、クリニックによって術式にもバリエーションがあります。

二重切開法

くっきり幅広、より目を大きく見せる

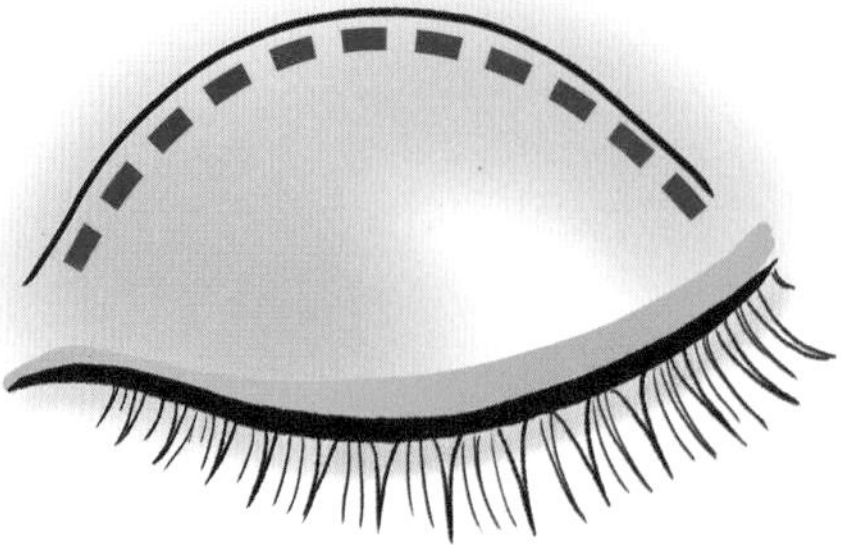

二重のラインに沿って皮膚を切開し、深部の組織と固定することで半永久的な二重を形成する。脂肪や筋肉などを調整できるので、自分好みの目元にデザインしやすい。他の施術と組み合わせれば、より大きな目にすることも可能

「二重切開法」は、メスを入れて皮膚を切開し、希望のデザインに沿ったラインで二重まぶたを形成する施術方法です。まぶたが厚い、皮膚が硬い、アイプチのしすぎで皮膚が伸びている、眼瞼《がんけん》下垂《かすい》など、埋没法ではすぐに二重が取れてしまう、あるいは二重をつくりにくいという方でも、切開法なら永続的なラインをつくることができます。「切開法」は埋没法に比べ、二重のラインのデザイン性が高いのも魅力です。ただ二重にするだけではなく、幅広い二重にくわえて、平行型、末広型など好みの二重ラインをつくれます。より目を大きくしたいという方は、目頭切開、目尻切開など他の施術を組み合わせると効果的です。

　切開法でつくった二重は、埋没法よりもくっきりした目になることが多く、

Check!

「眼瞼下垂」の場合は…

眼瞼下垂とは、上まぶたが下がって目が開きにくくなる状態のこと。二重切開と同時に治療する人も多い。まぶたの筋肉が緩んでいる場合は、挙筋腱膜を縫い縮めて強化する。たるみが被さっている場合は、余分な皮膚を切除する

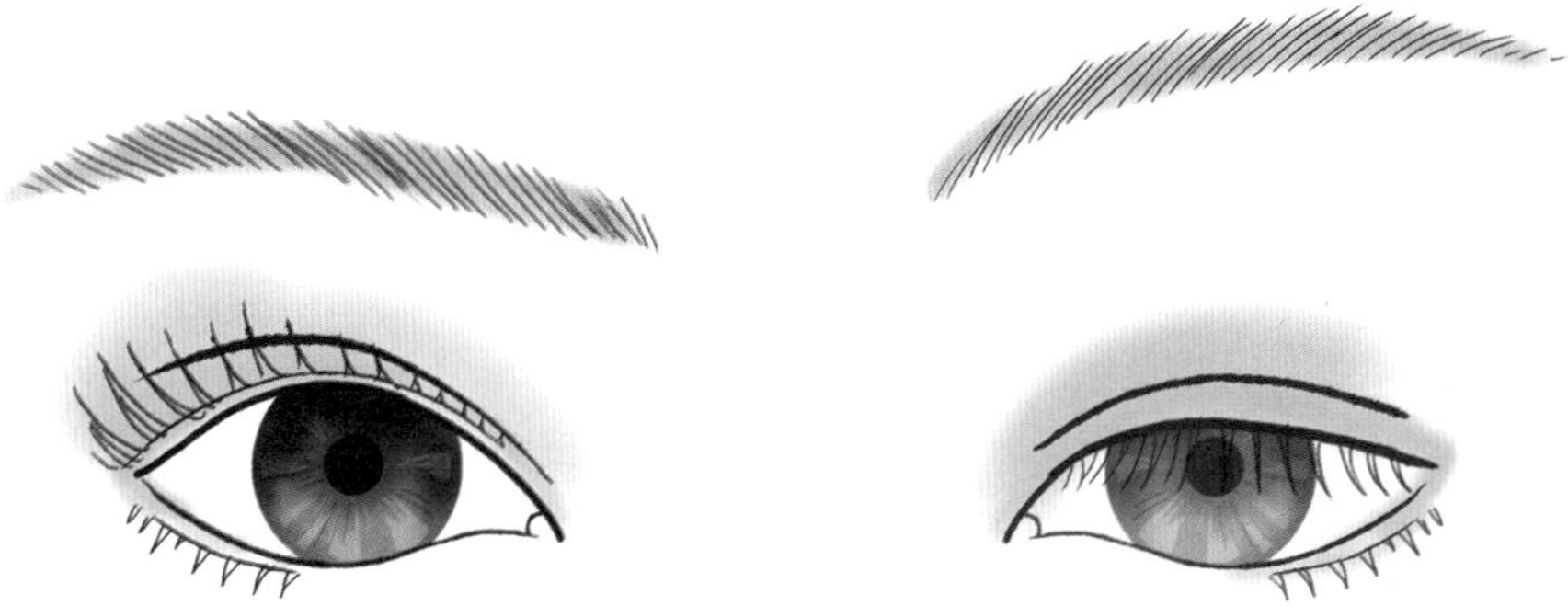

あまり二重幅を広げすぎると不自然な目元になってしまうことも。もし気に入らなかった場合、切開法の場合は修正が難しくなりますので、どんな目になりたいのか、自分の希望イメージをしっかり伝えられるようにしておきましょう。

とくに幅広二重から幅狭二重に修正するのは難しく、高い技術力が必要になりますので、センスと技術力のあるドクター選びが重要です。

また、切開法は腫れが引くまでのダウンタイムが長く、傷が残るのもデメリットです。傷跡は二重ラインに沿って切るため通常はほとんど目立ちませんが、目を閉じた際に二重のラインが残ります。「絶対に整形だとバレたくない！」という方は、まずは埋没法を選択したほうが無難かもしれません。

目頭切開

目と目の距離を近づけてバランス改善

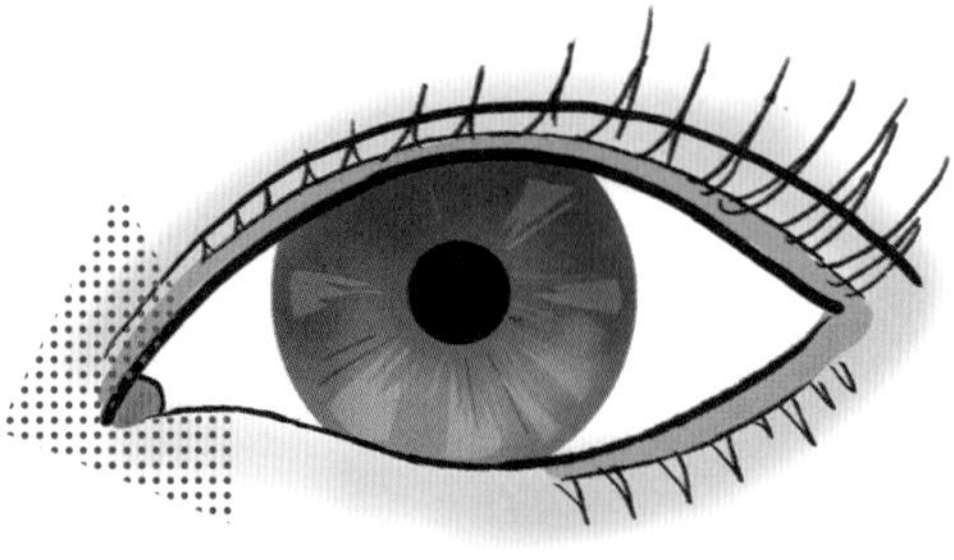

アジア人は目頭に被さっている皮膚（蒙古ひだ）がある人が多い。目頭切開をして蒙古ひだをなくすと、目頭が露出することで目が大きく見える。また、目と目の間もキュっと寄って見えるので、大人っぽく洗練された印象に

「目頭切開」とは、目頭に被さっている皮膚（蒙古ひだ）を切開して、目頭を内側に広げる手術です。目頭切開を行うと、蒙古ひだに隠れていた目頭が露出するため、目が大きく見えるとともに、目と目の間を狭く見せることができます。

目と目の距離が近くなると、大人っぽい洗練されたイメージになります。また、目頭のピンクが見えるため華やかな印象を与えます。

目元は、左右それぞれの目の幅と、目の間の距離が「1：1：1」くらいのバランスが美しいとされています。蒙古ひだの被さりが大きい方や、目と目の間が離れていると感じる方、遠心顔の方が適応になります。逆に、童顔が好きな方や、目の位置が寄り目の方、求心顔の方にはあまり向きません。

Check!

目の幅と距離は「1：1：1」

目元の黄金バランスは、左右それぞれの目の幅と、目の間の距離が「1：1：1」。蒙古ひだがあり目と目の間が離れているケースでは「目頭切開」でバランスを整えることができる。逆に目と目の位置が近い求心顔には不向き

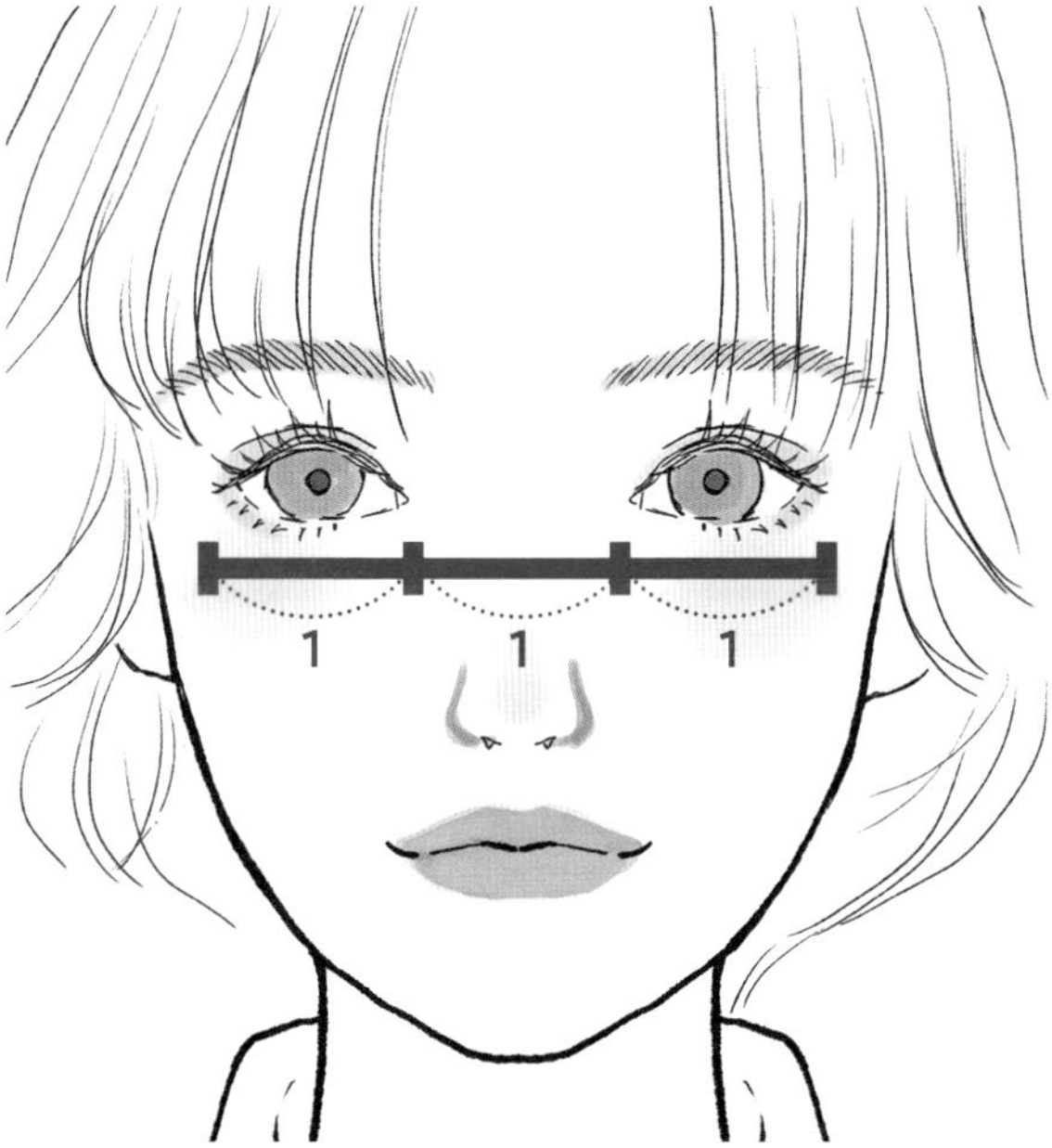

「目頭切開」にはさまざまな術式があり、主な手術方法には、「Z法」「W法」などがあります。「W法」の場合は蒙古ひだの皮膚を切除してしまうので、元に戻す修正手術の難易度は高くなります。「Z法」の場合は、切り開くだけで切除はしないので、蒙古ひだの修正が可能です。

「目頭切開」は簡単にできるイメージがありますが、目頭は術後に皮膚を固定するのが難しいため、傷跡が残りやすいというリスクがあります。目立つ部分なので「切りすぎて怖い印象になった」、「目頭の形状が気に入らない」、「左右差がある」などのトラブルが起きた場合に、修正できるかどうかは重要です。どの術式を選択するか、どのドクターを選ぶかは慎重に検討してください。

目尻切開 垂れ目形成

白目を見せて、優しい印象に

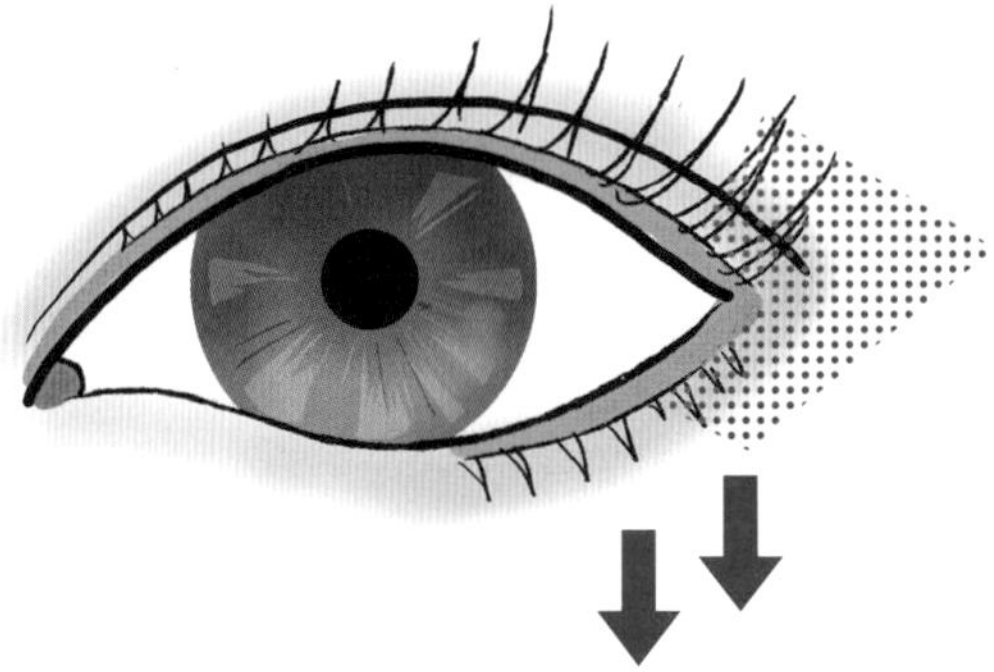

「目尻切開」は、目尻の端を切開し、横方向に白目の露出を増やす手術。ただ切開するだけだと後戻りしやすいので、下方向に白目の露出を増やす「垂れ目形成」と組み合わせると効果的。ツリ目を緩和し、優し気な目元にする効果も

「目尻切開」とは、目尻の端を切開して、目の幅を外側に広げる手術です。目尻が長くなることで、大人っぽい切れ長の目になります。求心顔の場合は、目尻の外側に白目部分が広がり、顔全体のバランス改善にもつながります。

リスクとしては「目尻切開」は、目尻に隠れた白目部分を露出させる手術となるため、白目部分に余裕がない場合や切りすぎた場合は、常に赤い粘膜が見えている「目尻パカパカ」といわれる状態になってしまうことがあります。目尻切開が適応かどうかは、隠れている白目の部分が1・5ミリ以上あるかどうかでわかりますので、目尻を横に引っ張って、白目に余裕があるか確認してみてください。

また、眼球が引っ込んでいる「奥目」よりも眼球が出ている「出目」の人の

Check!

「目尻パカパカ」に注意！

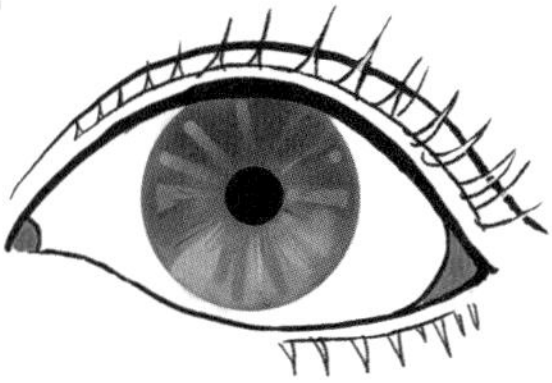

目尻切開で切りすぎると、目尻がぱっくり開いて赤い結膜が露出した、通称「目尻パカパカ」と呼ばれる不自然な状態になることがある。ドライアイなどの機能的な問題を生じるケースも。白目に余裕があるかなど、適応を見定めよう

【奥目】　【出目】

奥目か出目かは眼球が前に出ているか、奥に引っ込んでいるかで判断。
一般的に出目は若く見え、奥目は大人っぽく見えるといわれている

ほうが白目が見えやすく、目尻切開に向いています。

「目尻切開」を単体で行う場合、ただ切るだけでは後戻りしやすく、「金ドブ」になってしまう可能性が高いです。後戻りを防ぐための工夫（靭帯処理や骨膜固定などクリニックによって違う）をしているか、事前に確認しましょう。オススメは「垂れ目形成」をセットで行うことです。「垂れ目形成」とは、下まぶたの外側を引き下げて、白目の見え方を大きくする施術です。別名「グラマラスライン形成」とも呼ばれています。「目尻切開」と組み合わせると、より華やかで優しい雰囲気の目元を演出します。皮膚を切除する術式が一般的ですが、糸で簡易的に留める術式を行うクリニックもあります。

表情が豊かになる「美人の条件」

涙袋形成

Before

「涙袋形成」とは、目のすぐ下側にある膨らみをつくることです。アイドルや女優、女子アナウンサーなどはくっきりした涙袋がある人が多く、美人の条件の一つとしてあげられます。

涙袋の膨らみは、目のまわりの眼輪筋という筋肉で形成されています。涙袋のあるなしは、目周りの筋肉や脂肪の配置などの複合要因によると考えられます。大きな目の人や出目の人は、眼輪筋に力が入りやすいため、くっきりした涙袋がでやすいようです。

涙袋によって、目が大きく見えることに加え、表情が豊かになって顔が明るく見えます。また、涙袋があると目の下から口角までの距離が短く見えるので、中顔面短縮効果（小顔効果）を狙って涙袋をつくりたいという人も増えています。

Check!

中顔面短縮で小顔効果も

涙袋があると目が大きく見えるだけでなく、表情も豊かになるので目元がぱっと明るい印象に。目の下から口角までの距離が短くなるので、中顔面短縮効果を狙って涙袋をつくる人も。ヒアルロン酸による涙袋形成は入れすぎに注意！

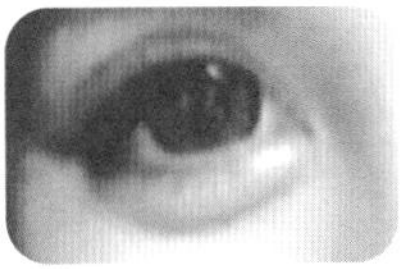

ナメクジ状態の涙袋

After

後天的に涙袋をつくる方法として、主に行われているのはヒアルロン酸注射です。ヒアルロン酸を目の下に注入してボリューム感をもたせると、目元に立体感を与えられます。持続期間は注入する製材によりますが、数カ月〜1年くらいです。

ヒアルロン酸による涙袋形成は、正しい位置に、細く控えめに入れることが綺麗に仕上げるポイントです。入れる位置が悪いと後から下に落ちてきて、目袋のように見えてしまうことも。簡単にできてダウンタイムもほぼなく、直後から変化が見えるので、ついエスカレートしてしまいがちですが、太く入れすぎると通称「なめくじ」といわれるような不自然な状態になるので注意が必要です。

クマ・たるみ除去

「疲れ顔」「老け顔」を明るく印象アップ

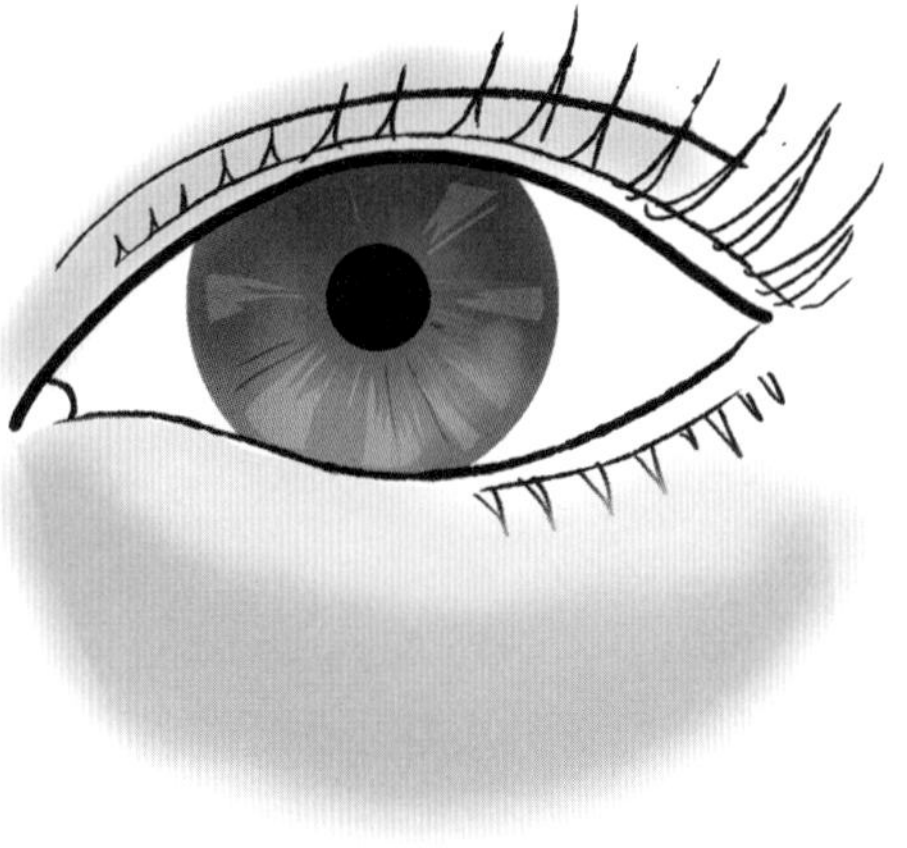

【 赤クマ・青クマ 】

青クマは色白で皮膚が薄い人に多く、毛細血管が透けていることが原因。赤クマは、眼輪筋が透けていることが原因。脂肪が下垂し脂肪クマと赤クマが併発しているケースは「ハムラ法」などの脂肪再配置術で改善することも

お疲れ顔や老け顔に見えてしまうクマやたるみ。まずクマには脂肪で膨らんでいる「脂肪クマ」、皮膚が黒ずんでしまっているなどの「色素沈着クマ」、目の下がくぼんで影になっている「影クマ」など種類があり、それぞれ対処法が変わります。

「脂肪クマ」は、瞼の裏側から脂肪を抜く「脱脂術」により膨らみが目立たなくなります。「脱脂術」に加え、脂肪を取ってへこんだ部分に、他の部分からとった脂肪を注入するなど、脂肪を取らずに再配置する「ハムラ法」という手術もあります。

「色素沈着クマ」は、色によって原因が違います。青いクマは色白で皮膚が薄い人に多く、皮膚の下の毛細血管が透けていることが原因です。赤クマは、眼輪筋が透けている場合が多く、脂肪

Check!

種類によって異なる対処法

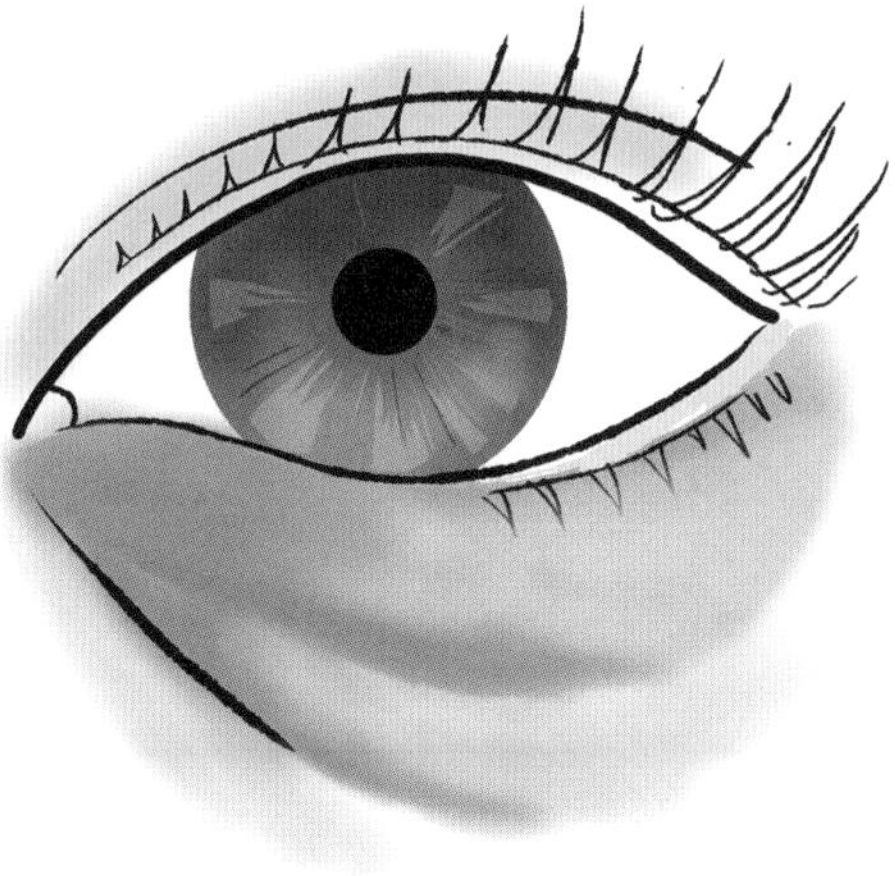

【 影クマ 】

目の下がくぼみ、影が落ちることで目立つ影クマ。くぼんでいる部分にヒアルロン酸などの充填剤を注入して平滑にする治療が一般的だが、ＰＲＰやベビーコラーゲンなどを注入して自己コラーゲンの再生を促し治療する方法もある

の突出とともに悪化した場合は「裏ハムラ」などの脂肪再配置術で改善するケースもあります。茶色いクマは、皮膚に色素沈着していることが原因です。コンシーラーなどで隠すか、レーザー治療、あるいはハイドロキノンなどの薬剤による脱色が適応です。

「影クマ」は、くぼんでいる部分にフィラー（充填剤）を注入して滑らかにすることで改善します。ポピュラーなのはヒアルロン酸の注入で他には脂肪注入やＰＲＰ（多血小板血漿）、ベビーコラーゲンなどの注入も行われています。ＰＲＰだけでは効果が弱いのでＦＧＦ（線維芽細胞増殖因子）製剤を添加した注射もありますが、これはシコリが残ることもあるので避けてください。

Chapter 1 目のまとめ

流行りの目は時代によって変わるもの「修正ループ」にハマらないように！

目の手術は一重まぶたの人だけのものではありません。奥二重とか、二重だけどむくむと片目だけ一重になってしまう、逆に三重になってシワシワしてしまうなど、日によって二重が安定しないという悩みを抱えている人は多いです。あとは、目頭のところを広くしたい、平行二重にしたいなど、デザインの問題もあります。

10代のころはアイプチやアイテープで二重にしている方も多いでしょう。ただ、ずっとアイプチを続けているとまぶたの皮膚が伸びたり、炎症を起こしたりするリスクがあります。手術に比べると、仕上がりも満足できるものではありません。そもそも、毎日アイプチするのは面倒ですよね。なので、大人になったら二重手術をしたいという人はすごく多いと思います。

HISTORY らびちゃんの目ヒストリー

最初の整形は埋没二重。もともと奥二重なので控えめな変化でした。その後、小悪魔agehaブームもあり切開して幅広二重＋ヒアル涙袋の派手顔に。現在は二重幅を狭く修正。目尻切開と垂れ目形成による優しげで大きな目がお気に入りです！

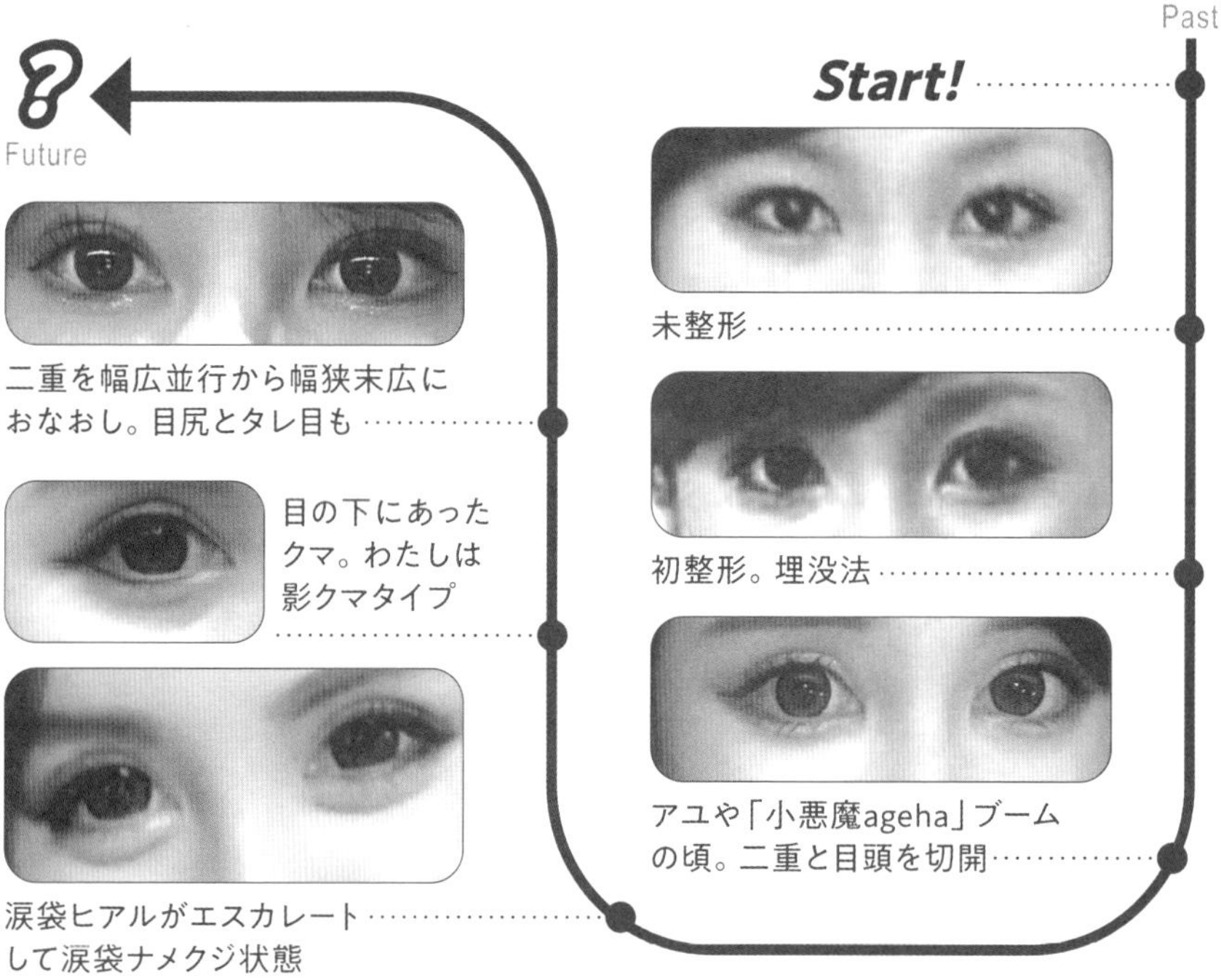

未整形
初整形。埋没法
アユや「小悪魔ageha」ブームの頃。二重と目頭を切開
涙袋ヒアルがエスカレートして涙袋ナメクジ状態
目の下にあったクマ。わたしは影クマタイプ
二重を幅広並行から幅狭末広におなおし。目尻とタレ目も

初めての方へのアドバイスですが、「理想の目にしよう！」と最初から切開する手術を行うのはやめましょう。目には時代によって流行があるもの。安易に切開して後から修正ループにハマってしまうリスクがあります。

初めてなら後から戻せる「埋没法」がよいでしょう。とはいえ重い一重まぶたの方は「埋没法」をしてもすぐに取れてしまう可能性があるので、ドクターの判断によっては切開を検討したほうがよいケースもあります。何軒かカウンセリングに行きドクターの意見がバラバラだったら、「まず埋没をやってみて、取れてしまったら切開する」など、段階を踏んでいくのがオススメです。

YouTubeでもっと詳しく！

失敗しない
クリニックとドクター選び

美容整形が成功するかどうかは、ドクターとクリニックの選択次第。最低5軒はカウンセリング巡りをしよう

日本編

美容整形が成功するかどうかは、クリニックとドクター選び次第といっても過言ではありません。このコラムではクリニック選びのポイントをお伝えします。

【JSAPS会員】

私がドクター選びで重視しているのは、JSAPS（日本美容外科学会）の会員であること。JSAPSとは、「Japan Society of Aesthetic Plastic Surgery」の略で、専門医の認定書をもつ有志医師により正会員が構成されています。もうひとつJSASという似た名前の団体もあるのですが、そちらとは別の団体です。

【他院修正対応】

私は大掛かりな整形もしているので、表面だけではなく解剖学的な知識がしっかりしている形成外科出身のドクター、かつ、他院の修正対応が可能なドクターにお願いするようにしています。

とはいえ、名医として有名になれば、忙しいのでわざわざ危ない橋を渡って、訴訟リスクのある他院修正を受けない方針にしているドクターも。なので、一概に技術的に未熟だからとか、自信がないから修正手術を受けないというケースばかりではなく、その見極めは難しいところでもあります。

【価格】

美容整形外科は技術職です。安すぎるクリニックは、激安金額でお客さんを釣って、アップセルでどんどん売りつける場合が多いです。また失敗すると修正にお金がかかるので、値段重視はオススメしません。それぞれの施術に適正価格はありますので（相場は変わります）、そこを把握するのが大事だと思います。

指名したドクターが執刀してくれないことも…!?

【部位で分ける】

ドクターにも得意・不得意があるので、私は目ならこの先生、鼻ならこの先生と、部位によって先生を分けています。もちろん、価値観が合うドクター1人にお任せできるのであれば理想的ではありますが、オールマイティなドクターに巡り合うのは難しいです。

「シャドードクター」に注意!

このようなクリニックを選んだ後、できればカウンセリングに5軒は行ってください。実際に話してみるとドクターが横柄だったり、看護師さんが不親切だったり、その他クリニック内が汚くて衛生的にあやしいなど、行ってみてわかることも多いです。

最近では、カウンセリング自体にもお金がかかることがありますが、それでも何軒か回ったほうがいいでしょう。

最後にもう一点、注意点をお伝えします。シャドードクターといって自分が指名したドクターではないドクターがこっそり執刀する不法医療行為があり、日本だけでなく韓国でも問題になっています。そのため韓国ではビデオカメラでの撮影(CCTV)が義務化されています。しかし違反したとしても少額の罰金だけで済むので、実際に撮影が行われている保証はありません。

私の場合、特別なシャドードクター対策はしていませんが、難易度が高い手術が多いので、新人には任せようがないと考えています。でも可能性はゼロではありません。対策法としてはドクター1人のクリニックを選ぶ、友達に来てもらい手術中の人の出入りを確認してもらう、などがあります。

韓国編

＼費用は？ リスクは？／

韓国で整形するならSNSを参考に

美容大国韓国。技術力が高く、最新の美容情報の発信源でもある。費用の安さも魅力で日本からも多くの患者が訪れる

美容整形大国である韓国、クリニックの数は４０００以上ともいわれ、そのほとんどがソウルの江南《カンナム》地区にあります。韓国の整形手術の特長といえば、なんといっても日本に比べて価格が安いこと。おおよそ３分の１程度で受けられます。

韓国の美容整形の情報収集は、整形の症例やＤＴレポートが見られる専門アプリもありますが、私はＳＮＳを重視しています。日本のＳＮＳに広告を出しているクリニックだけではなく、そこで手術を受けた人のクチコミも参考にしています。

【予約の仕方】

ＸやＩｎｓｔａｇｒａｍなどにクリニックの公式アカウントがあります。大抵は日本用ＬＩＮＥなど日本語の案内があるので、そこから問い合わせます。

日本向けのプロモーションをしていないクリニックであれば、大抵はカカオトークの案内が載っているので、カカオトークのアプリを入れて翻訳しながらやりとりします。

【通訳】

クリニックに専属の通訳がいるケースのほか、「江南メディカルツアーセンター」という医療案内所があり、時間給で通訳の依頼ができます。国が認めている通訳の機関なので、病院寄りでもないし、患者寄りでもない、中立の立場で通訳してくれます。

そのほかＳＮＳで営業する個人通訳もいますが、特定のクリニックからキックバックを得ているケース、外国人料金が上乗せされてもわからないなど不透明なところがあるためオススメできません。

【オススメの整形】

○ 顔の脂肪移植

おでこに脂肪を入れる手術は日本では料金が高く、特に日本の技術が優れているイメージはありません。

○ 脂肪吸引

リスクの高い手術ではありますが、日本に比べて顧客の意見を聞いてくれるケースが多く、しっかりと脂肪を取ってくれます。ただスリムな人が無理やり脂肪吸引した場合、傷口が汚くなるリスクがあります。

その他、口角挙上、ボトックス・ヒアルロン酸などの注入治療もオススメです。

【オススメしない整形】

× 骨切り

骨格など大がかりな手術は命にかかわるため私は避けます。日本では非常に高額な手術ですがお金で安全を買っています。

× 鼻

過去に手抜き手術や鼻に異物を入れてトラブルを起こしたクリニックもあります。ドクターとのやりとりに関しても、通訳をはさむので、ちょっとしたニュアンスの差

いくら料金が安くても、
言葉がうまく通じない
料金が不明瞭など不安も…

観光がてら美容整形を行う「美容ツーリズム」も人気。渡航費用を含めても韓国の方が安いが、トラブルも急増中

江南区にある狎鴎亭（アックジョン）エリアの大通りは通称「整形ストリート」と呼ばれ、入居テナントの多くが美容医療機関というビルも

で受け取り方が変わってしまうため、意思疎通をしっかりしなきゃいけない細やかな手術は、日本が向いていると考えます。

【リスク】

最後にリスクです。ちょっとした手術であっても、外国なだけにトラブル対応が大変です。法律も言葉も違うわけですから。予防策としては、韓国のクリニックで手術を受ける際は、カウンセリング時にアフターフォローの内容をしっかり確認しましょう。

くわえて、術後に失敗が判明して、日本のクリニックで修正しようとしても、まず受け付けてもらえません。これもリスクのひとつにあげられます。私も鼻の失敗がありましたが、結果的には日本のドクターに修正してもらえたものの、何軒も断られて修正のドクター探しにとても苦労しました。

鼻【はな】

顔の中心にある重要部位
流行と適応を見定めて
理想の鼻をイメージする

お顔の真ん中にある「鼻」は、顔全体のデザインの決め手です。鼻の形にも流行があり、ハーフのような高い鼻、浜崎あゆみのような矢印鼻、お人形のような小さくて細い鼻など、時代による変化が大きい部位です。今は童顔がブームなので、小さくて短い鼻が人気です。「鼻整形」とは、ただ鼻を高くしたり細くしたりするだけではありません。顔全体の立体的な美しさを重視する流れから、鼻骨を幅よせしたり、鼻先の角度を調整したり、鼻の基底部を底上げしたりする手術もよく行われています。

　とはいえ、鼻は非常に繊細な構造で、複数の骨や軟骨、脂肪や粘膜などの組織が組み合わさってできているため、理想の形を形成しキープするのが難しい部位です。例えば「目」に比べても、難易度は格段に高

いといえます。

形だけでなく、呼吸器としての機能面に支障をきたさないように注意する必要があります。鼻の穴を小さくしすぎて呼吸がしづらい、鼻がかめないといったことになると、生活するうえで支障が出てきます。

鼻の整形手術は修正が難しく、感染リスクも高くなるので、３回以上の手術の場合は、クリニック側に断られることもあります。言うまでもありませんが、初回手術で成功するのがベストです。

どんな顔になりたいのか方向性を最初にしっかり定め、他の施術との順序や顔全体のバランスをみながら、鼻の手術は最後に行いましょう。

本章では、鼻筋と鼻の先端と小鼻、３つのパーツにわけてご説明します。

鼻筋形成

すっきり高く、大人顔に

Before

鼻筋とは、鼻の付け根部分である鼻根から鼻先までを結ぶ、鼻背部分のこと。日本人は彫りが浅く、鼻筋が低い人や、広がっている人が多い傾向がある。欧米人とは骨格が違うので、ただ鼻筋を付け足すだけでは不自然な印象になることも

鼻筋を高くしたりすっきりさせたりするために、ヒアルロン酸やプロテーゼ、軟骨などを入れて鼻筋を形成する施術です。

【ヒアルロン酸】 整形に抵抗感がある人は「まずはヒアルロン酸で手軽に」と考えがちなのですが、そもそもヒアルロン酸は鼻筋をつくるにはあまり向いていません。ぶよぶよした質感になったり、脇に流れて太い鼻になったりするリスクがあります。最近は硬くて持続期間が長い製剤も出てきていますが、ヒアルロン酸での鼻筋形成はあくまでもお試しレベルと考えていただいた方がいいと思います。

いざプロテーゼで整形するとなったときには、入っているヒアルロン酸を溶かす必要がありますので、コスト面でも負担が大きくなります。

Check!

おでこやあごとのバランスも考えて

After

鼻筋が通ることで、のっぺり平面的な顔が引き締まり洗練された印象に。鼻根の位置が高いと大人っぽく、低いと童顔になる。立体方向への変化が出るのでおでこや顎とのバランスが大切。正面顔だけでなく斜め、横顔もイメージしよう

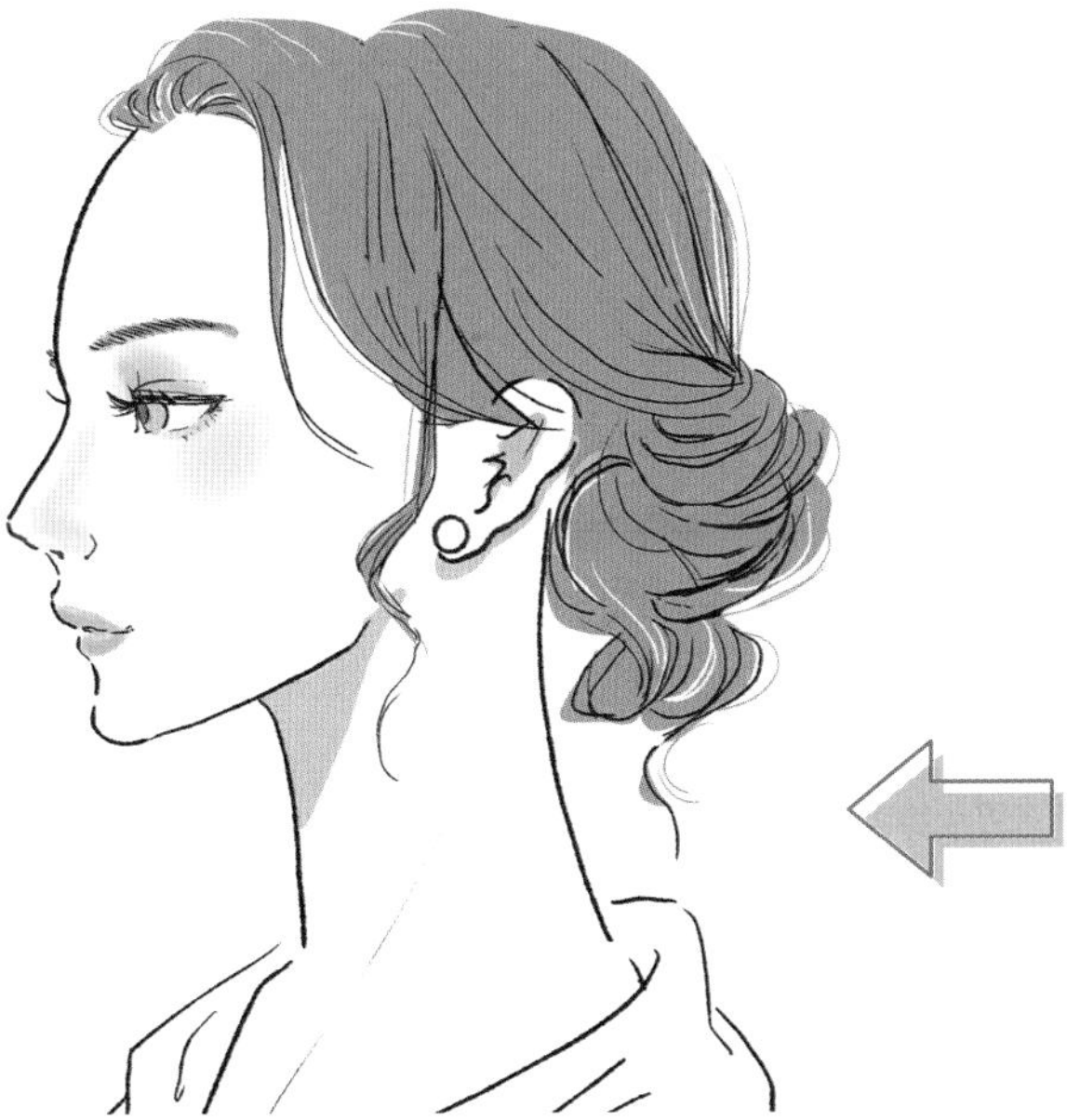

【シリコンプロテーゼ】 鼻の穴からシリコンプロテーゼを挿入して、鼻筋に高さを出す手術です。既存のプロテーゼの中からその人に合った太さや長さのものを選び、加工して施術するのが一般的です。なお、無理な高さのプロテーゼを入れると加齢に伴い浮くこともあるため、入れ替えなどのメンテナンスが必要です。シリコンプロテーゼは組織との癒着が少なく入れ替えがしやすいところもメリットです。

【自家軟骨】 自分の軟骨（耳介軟骨や肋骨軟骨）を砕いて入れる方法もあります。メリットは、人工物よりも自家組織の方が自然になじむこと。ただ、自然に吸収されて低くなってしまうケースもあるので、鼻筋はプロテーゼの方が、安定性が高いと思っています。

鼻尖形成

だんご鼻を細くシャープに

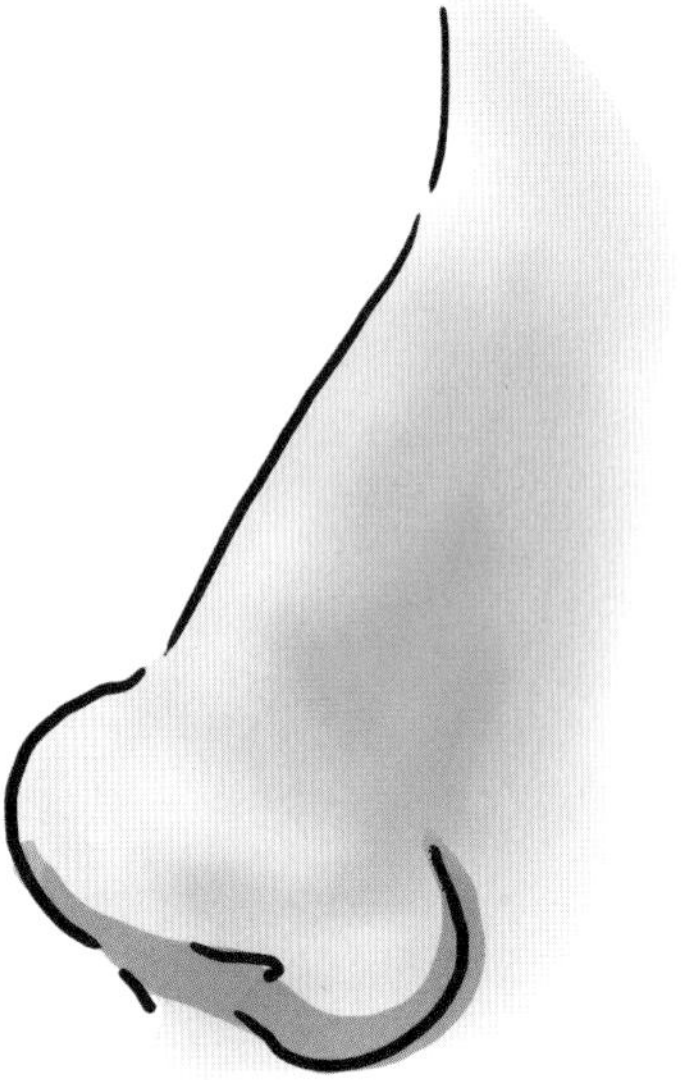

Before

鼻先が低い、だんご鼻、潰れ鼻など、形状によって適応が変わる。通常は鼻筋とセットで行うことが多い。鼻先を高くするには、通常自家軟骨を移植する。だんご鼻や潰れ鼻の場合は、脂肪組織の除去や軟骨形成なども同時に行う

鼻先を高くしたい場合は、自分の身体から採取した軟骨組織を移植します。よく使われるのは耳介《じかい》軟骨、鼻中隔《びちゅうかく》軟骨、肋《ろく》軟骨です。どの軟骨を使うかは目的によって変わります。耳介軟骨は柔らかいので、ナチュラルに鼻先を高くできます。鼻中隔軟骨は薄くて強度があるので高さを出しながら鼻先を延長するなど、ある程度のデザインが可能ですが、採取できる量が限られます。肋軟骨は大きく強度も十分あるので、高さを出したい場合や2回目の鼻整形に向きますが、将来的に変形を起こす可能性もあります。

鼻先の丸さや大きさが気になる場合は、鼻先の余分な脂肪や組織を除去して鼻翼《びよく》軟骨を縫い縮める「鼻尖《びせん》形成」手術が適応となります。

鼻筋と鼻先、両方を整えたい場合は、

Check!

年数が経つと形が崩れることも…

After

鼻先がツンと整うことで、美人度がアップ！　鼻尖形成に使用する軟骨は自家組織なので仕上がりが自然で安全性も高い。その一方、次第に吸収されてしまったり曲がったりという天然素材ならではのリスクがあることも

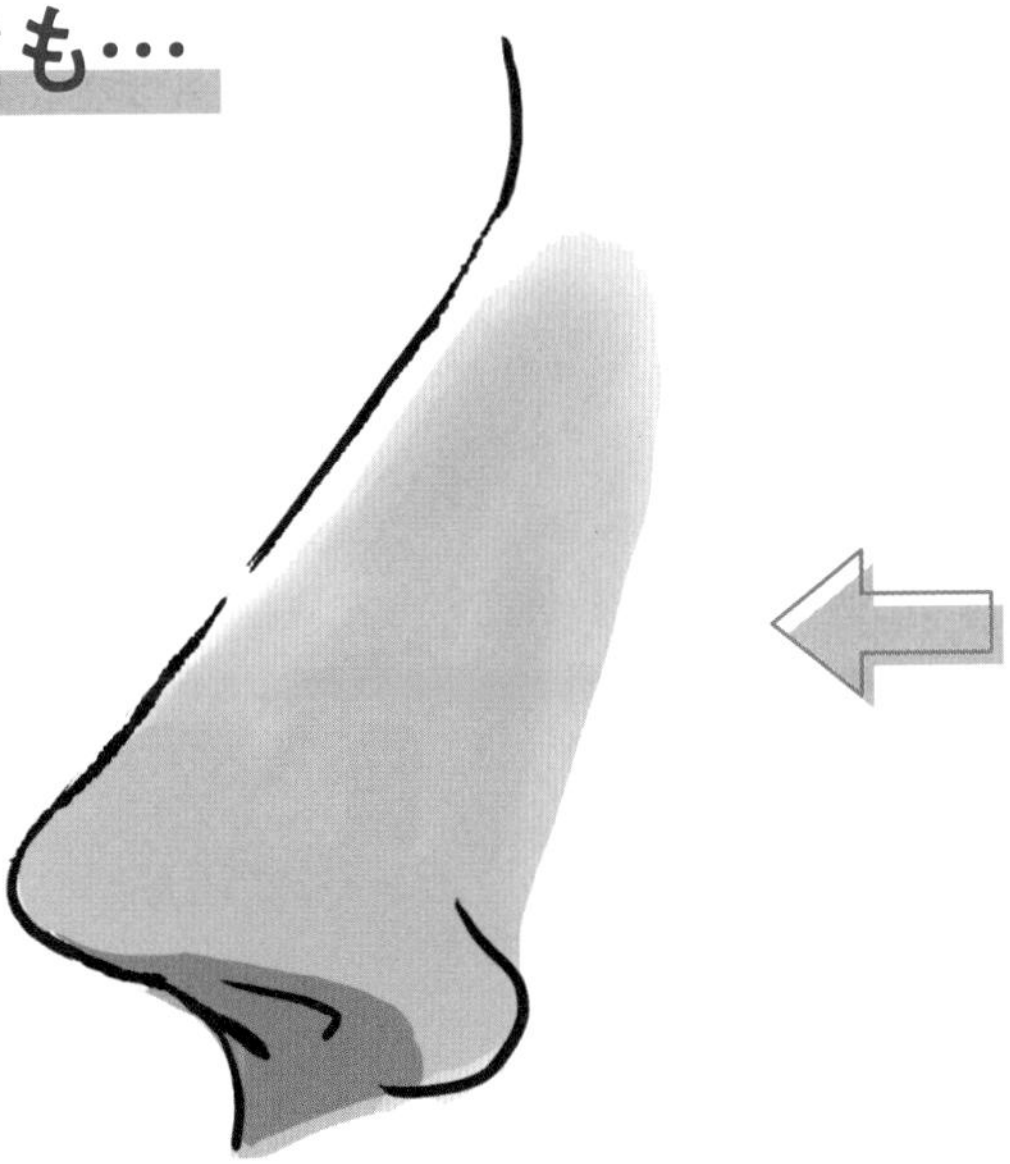

鼻筋にはI字のプロテーゼを入れ、鼻尖部分には軟骨を入れる、というように部位ごとに素材を使い分けるのが一般的です。

ひと昔前はL字形のプロテーゼを使用して鼻筋と鼻先を一度に高くしていましたが、このタイプは鼻先に負担がかかるので、年数が経つと鼻先の皮膚が薄くなり、赤くなったり、プロテーゼの形が浮いて見えたり、ひどい場合は皮膚を突き破る危険性があるため、現在はほとんど使われていません。

よりお手軽な方法として、鼻柱に糸を入れて高さを出したり、メッシュなどを挿入したりする術式もありますが、トラブルが起きやすく、修正する際にも組織が癒着して除去しにくいので避けた方がよいでしょう。

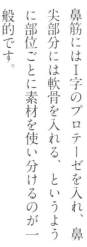

小鼻縮小

デザインは医師のセンスも重要

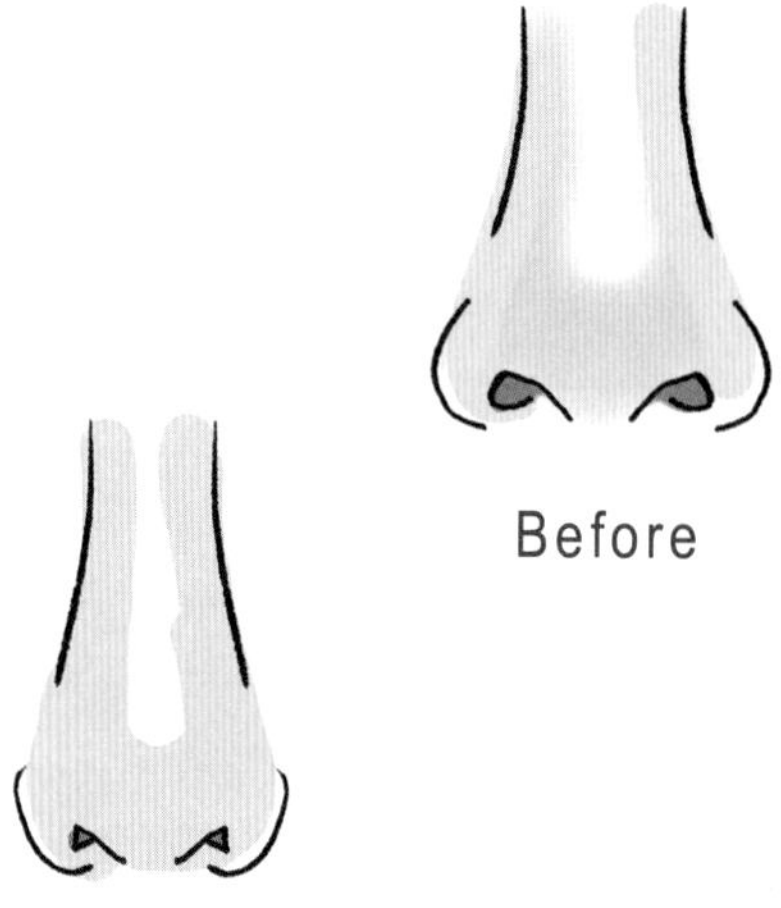

鼻整形というと「高さ」に注目が集まりがちだが、鼻全体のイメージを決めるのは実は「小鼻」のデザイン。小鼻の幅が広い、小鼻が大きい、鼻の穴が見えるなど、小鼻が悪目立ちしているケースでは、小鼻縮小術が適応となる

「小鼻縮小手術」は、いわゆるあぐら鼻、シシ鼻と言われるような小鼻が目立つ鼻の、幅や大きさを縮小する施術です。顔のバランス的にみると、目頭と目頭の間よりも外側に小鼻が張り出している人が適応になります。

小鼻の幅を狭くするには、鼻の穴の内側の皮膚を切除して、縫い縮める手術を行います。小鼻全体の大きさが気になる場合は、小鼻の外側の皮膚を切除し縫い縮める手術も併用するとよいでしょう。

皮膚切除をせず、糸だけで小鼻の幅を寄せる簡易的な術式もありますが、小鼻の皮膚は硬いので後戻りするケースが多いようです。この術式を行うのなら修正が可能かなど、カウンセリングでしっかり話を聞いておきましょう。

また、小鼻のデザインは医師のセン

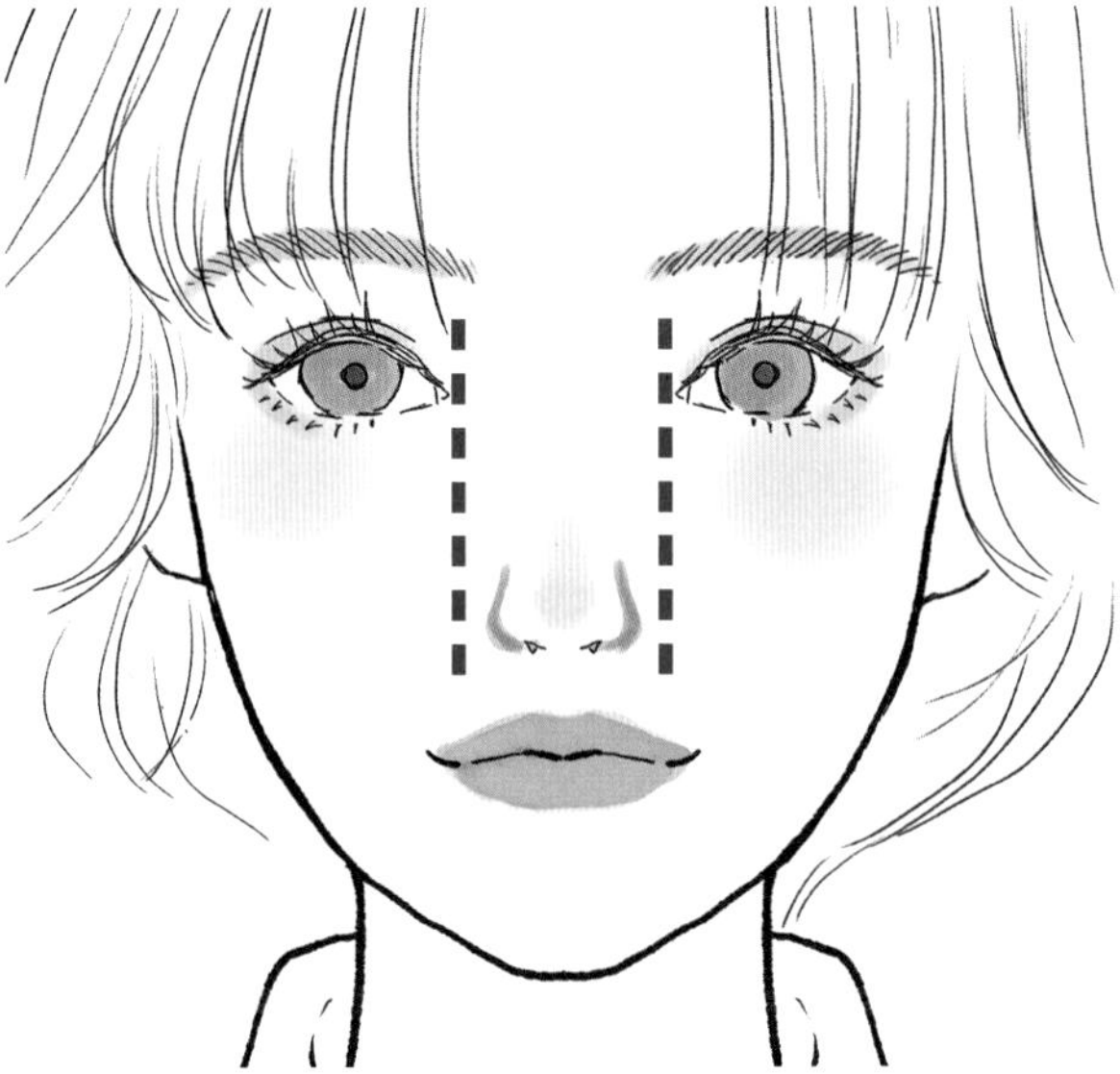

Check!

目頭と目頭の間に小鼻が収まるように

小鼻が小さく整うと、洗練された上品なイメージに。術式が複数あるので、術後の小鼻や鼻の穴の形、接続部分の傷跡、鼻孔底（鼻の穴の下側部分・通称土手）の仕上がりなど、モニター症例を確認してセンスと技術のあるドクターを選ぼう

スや経験の差が出るところです。ただ幅を狭くするだけ、小鼻を小さくするだけでは、鼻の穴や小鼻の接続部分が不自然な印象になってしまうことも。事前にモニター症例などを見て、美的感覚が合う経験豊富なドクターを選ぶようにしてください。

また、小鼻は口と連動して動いてしまうので、手術の傷跡やケロイドが残りやすい箇所でもあります。施術と同時に、傷跡防止ボトックス注射（筋肉の動きを止める注射）を小鼻脇に打つと、筋肉の動きが制限され傷跡防止になるのでオススメです。少し不自然な笑顔になるかもしれませんが、ボトックスの効果は3カ月ほどで切れます。いずれにしてもダウンタイム中はマスクを着用するなどして乗り切ってください。

人中短縮

唇を引き上げ、若く見せる

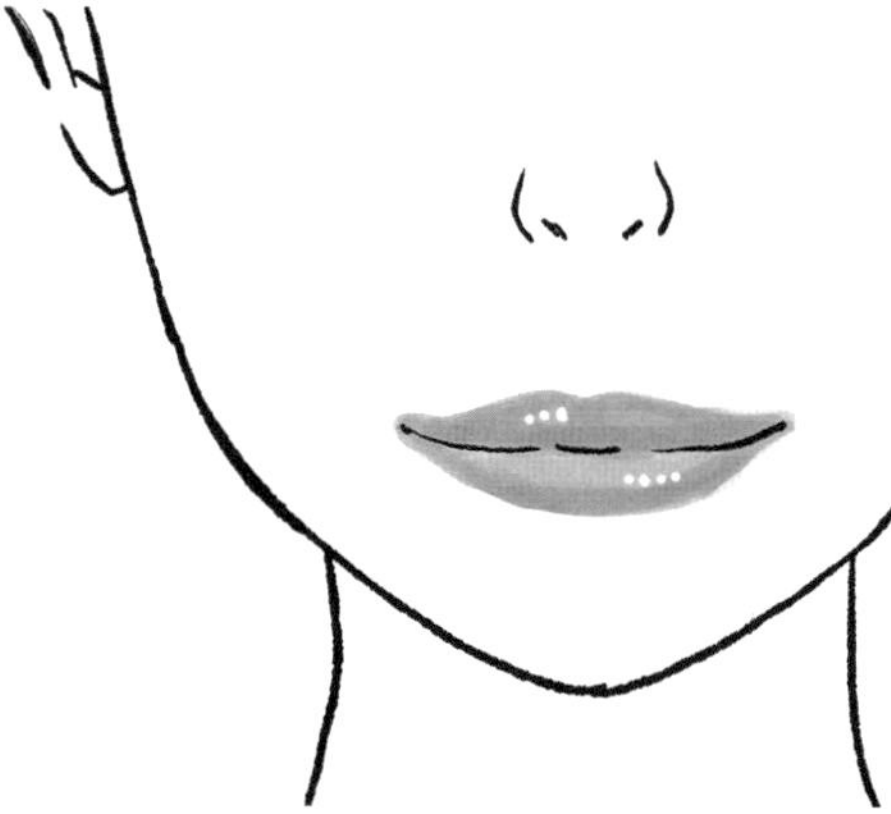

Before

「人中」とは、鼻と上唇の間にある縦の溝のこと。この部分が長いと中顔面が間延びして見えるほか、老け顔にも見られがち。「人中短縮」では鼻の下の皮膚をM字に切除して縫い縮めることで、物理的に人中を短くする

「人中《じんちゅう》」とは、鼻と上唇の間にある、縦の溝のことを指します。美容整形で「人中」という場合は、この縦の溝だけではなく鼻の下〜唇までの広い部分を指しています。

お婆さんの顔を思い浮かべるとわかるように、人中は加齢とともに伸びて長くなる場所です。それと同時に上唇も下がって薄くなります。つまり人中が長いと、若い人でも老けて面長な印象になってしまうのです。

「人中短縮」とは、鼻の下の皮膚を、鼻のラインに沿ってM字に切除して縫い縮め、人中を短くする施術です。人中が短くなることによって、中顔面短縮効果や唇が引き上がって厚く見える効果、若見え効果などが期待できます。

ただ、人中はただ短くすればよいというものではありません。皮膚を切除

Check!

術後の傷跡はしっかりケア

After

人中が短くなると、中顔面が短くなり上唇も引きあがるので、若見え効果が期待できる。皮膚を切除しすぎると口が閉じなくなる、または、鼻や唇の形が変形することも。鼻下に傷跡が残るので、いかに傷跡を綺麗にするかがポイント

しすぎると口が閉じなくなったり、引っ張られて鼻や唇の形が変形してしまったりするリスクがあります。皮膚のテンションや唇の形を考えながらバランスよく皮膚を切除する、ドクターのデザイン力と技術力が問われる施術です。

また、鼻の下のラインに沿って皮膚を切除して縫合するため、必ず鼻下に傷跡が残ります。目立つ場所なので、術後の傷跡の仕上がりが人中短縮手術の満足度を大きく左右するといっていいでしょう。もしケロイド化した場合でも、皮膚に余裕がないと再縫合による修正が難しくなる可能性があります。術後はとにかく皮膚を動かさないよう、ボトックス注射を打ったりテープを貼ったりして傷跡対策に努めてください。

Chapter 2 鼻のまとめ

想像以上に高くなる⁉ 自然な仕上がりは「理想の2割減」を目安に

鼻は加減が難しく、ほかの手術に比べて修正沼に陥りやすい印象を受けます。例えば、とあるインスタグラマーを見て、「この鼻が理想」と思ったとしても、実際には写真や動画の2割増しに見えます。つまり、写真で高い鼻に見えたら、現実はもっともっと高い鼻なのです。自然さを求めるなら、くれぐれも「理想の2割減」ということを念頭に置きましょう。

手術の順序ですが、顔のフル整形を行うのであれば、輪郭、おでこ、鼻という順番で行いましょう。先に土台を仕上げてから、それに合わせて鼻を整えたほうがよいです。鼻を先にやって後からおでこを出すと、バランスが崩れて鼻が低く感じてしまう可能性があります。

また鼻全体を手術するのであれば、まず骨切り幅寄せをしてから、鼻筋と

HISTORY らびちゃんの鼻ヒストリー

初期はキャバ嬢風の派手顔、浜崎あゆみ風の矢印鼻は当時大流行でした。5ミリプロテのハーフ鼻を経て、今は童顔に合うナチュラルな忘れ鼻です。鼻は流行があるので修正したくなりますが、感染や拘縮リスクがあるので慎重に！

Past

Start!

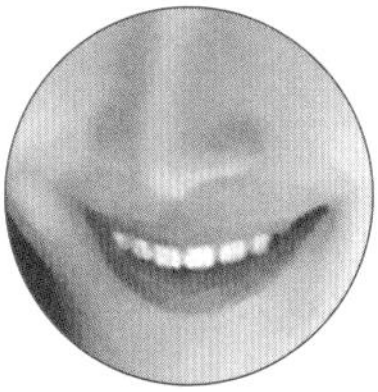

1回目。
アユの矢印鼻に憧れた

2回目。
大きめアップノーズの韓国鼻。プロテはなんと5mm！

3回目。
眉間を低くして鼻先をさらに尖らせた

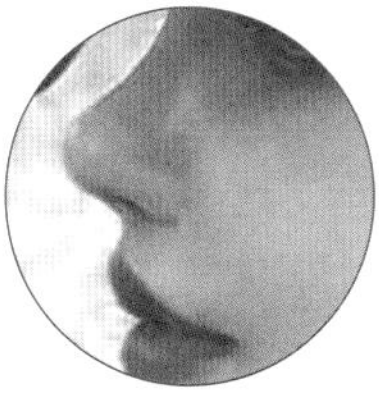

4回目。
童顔忘れ鼻を目指して低く丸く自然に

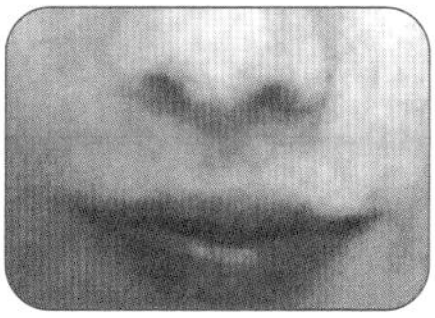

人中短縮のビフォー

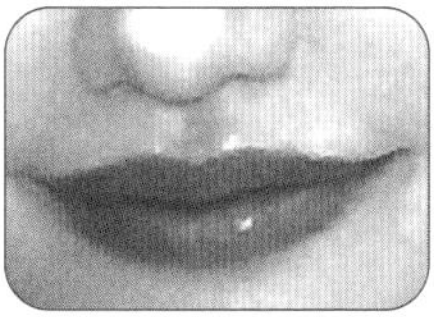

人中短縮のアフター

Future

先端は同時に行い、最後に小鼻です。できれば一気に手術してください。そうでないと、拘縮・感染リスクが高まってしまいます。

もし分けてやるのであれば、小鼻を後にしましょう。先に小鼻をやると、鼻筋や鼻の先端を高くしたくなったときに、皮膚の余裕がなく突っ張ったコンセントみたいな鼻になってしまいます。

いずれにしても鼻整形は2回ぐらいまでに止めておいたほうがいいです。3回目から一気に感染などのリスクがはね上がるらしく、再手術を受けてくれるドクターも少なくなります。そのため事前カウンセリングでどんな鼻にしたいか、ドクターと意思疎通をしっかりとはかることが大事です。

YouTubeでもっと詳しく！

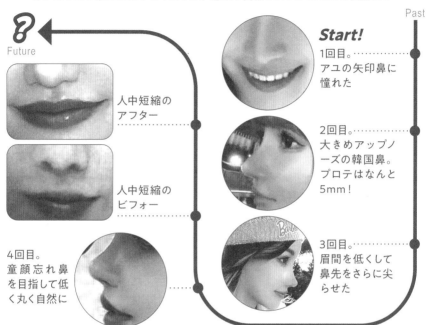

＼ フル整形で約1000万！ ／

整形費用はどう稼ぐ？

美容整形には高額な費用がかかる。全顔フル整形なら1000万円は見込みたいところ。修正やトラブルに備えて余裕のある資金計画を

私は日本のそれなりに料金の高いクリニックの名医といわれるドクターと、韓国のクリニックをミックスして、骨切りからのフル整形を4周やってきました。その経験からいうと、1周やるのに大体1000万円が目安です。

ある有名YouTuberの方は、韓国の1軒のクリニックに全部お任せで、全顔整形して250万円ぐらいで済んでいました。そういうやり方もあるとは思いますが、ちょこちょこ自分の好きなドクターを選びながらやるとなると、やはり800万～1000万円ぐらいの予算感になると思います。

もし手術に失敗したり炎症を起こしたりすると、やり直しや修正が必要になります。それにくわえて、ダウンタイムで仕事を休む期間も長くなります。これらの追加費用がかかる可能性を考えると、余裕を持った金額を用意してからやってほしいと思います。

「整形モニター」ってどう？

モニターになると、基本的に施術代が2割～5割引き、なかには無料になるところもあります。一定期間は他の手術を制限されたり、経過観察で月1の受診、SNSへの投稿を求められたりなど、クリニックの定めたモニター規約に従う必要があります。

また、モニターで施術を受けると症例写真がクリニックのHPやSNSに公開されることがあります。うまくできた症例ほどクリニックの広告として広く拡散される可能性がありますので、モニターで安くなる金額と、モニター規約による縛りや身バレのリスクが釣り合うか、よく考えて受けてくださいね。

整形費用のつくり方

ＹｏｕＴｕｂｅを始めた頃、「骨からのフル整形3周目、整形費用３０００万円！」と出していたので、「どうやって整形資金を稼いだんですか?」とよく聞かれました。このテーマで動画もアップしているので、良かったら見てくださ い。トータルで見るとすごい金額ですが、20年かけているので、年間にならすと１５０万円くらい。そう考えると、なんとか頑張って用意できる金額ではないでしょうか。ここからは私が実際にした整形費用づくりを紹介しますね。

【水商売】

高収入を得やすいアルバイトです。私も若い頃はキャバクラなどで働いて整形費用を稼ぎました。周囲の人たちも整形している人が多かったので、情報交換ができるというメリットもありました。

【動画配信】

今の時代、動画配信が一番手っ取り早く稼げると思います。ＴｉｋＴｏｋライブなどを真剣にやると、無名でも投げ銭で月１００万円くらい稼げるようです。毎日配信してファンをつくらなくてはいけないので簡単ではありませんが、初期費用はいらず誰にでもできます。インフルエンサーとしてＳＮＳで活動して稼ぐのもいいと思います。私の場合は、企業案件やオンラインサロンの運営などで収益を得ています。

年間150万円程度なら頑張ればなんとかなる！

【転売ビジネス】

仕入れが必要なので、ある程度お金がある人向けですが、私が以前やっていたのは海外で購入したブランド品の転売です。今は円安なのでやりにくくなっていると思いますが、逆に円安を生かして、日本の商品を海外で売ることもできます。

私の場合、こうして稼いだお金を投資にまわして、さらに大きく増やすということをしています。

私が整形費用をどう稼いだかはYouTubeをチェックしてね！

肌【はだ】

加齢で生じたトラブルを美肌にアップデート！最新技術で対処できます

人は他人を見るときに、目鼻立ち以上に肌から受ける印象を重視しています。きめ細やかでハリやつやがあり、ニキビや吹き出物などがなく、均一に整った美白肌は、ただ美しいだけでなく清潔感や透明感、気品を感じさせます。人に与える印象だけでなく、肌が綺麗だと自分自身の気持ちも上がります。

しかし「25歳はお肌の曲がり角」という言葉があるように、そのくらいの年齢から、肌細胞の代謝が落ちはじめてしまいます。お肌の生まれ変わりのサイクル、ターンオーバーは年齢とともにそのサイクルが長くなり、アラサーを超えるころには次第に顔のくすみやシミ、そばかすなどが増えてきます。

アラフォーになれば今度は肝斑やシミが増

え、肌全体のハリや弾力が失われて目尻のシワや、ほうれい線などがクッキリと刻まれてきます。アラフィフに近づくころには、次第に皮膚が薄くなりたるみや下垂が目立つようになってきます。残念ながら、このような加齢による肌の老化は誰しもが体験するものです。

しかし美容医療における肌管理技術は日進月歩です。医薬品やレーザー機器などの進化によって、以前は対処できなかった肝斑やシミも治療できるようになりました。加齢によって生じるシワやたるみも、レーザーや注射、糸リフト、切開リフトなど、改善へのアプローチが複数あります。諦めずに毎日のケアを続けること、そして必要に応じて適切な美肌治療を受け、お肌をアップデートしていくことが美肌を保つ秘訣です。

シミ・そばかす・肝斑

レーザー治療で即効除去！

【そばかす】

場所：顔面の鼻を中心に、両頬にかけて左右対称にできる
特徴：直径2〜3mmほどの細かい粒状の茶色の斑点が点々と散る
原因：遺伝的な要素が強い。子供の頃からあるのが特徴で思春期になると目立つようになる
オススメの治療機器：ノーリス

【シミ】

場所：どこにでもできる
特徴：ふちがくっきりしている
原因：紫外線の刺激や加齢などにより、皮膚が生理的に変化するために生じる。そのため一般的に“シミ”は病名ではなく肌トラブルに分類される
オススメの治療機器：ソフウェーブ

「シミ」対策を、美白成分が配合された高価な化粧品やエステに頼る人もいますが、その何倍も効果があるのが美容クリニックでのレーザー治療です。ただし、「シミ」にはいくつか種類があり、それによって使用するレーザーも変わってきます。そこで簡易的な見分け方と、適応するレーザーをご紹介します。

【シミ】顔のどこにでもできて、ふちがくっきりしています。治療機器は「ソフウェーブ」がオススメです。シミは1回のレーザー照射で効果が出ますが、一度かさぶたになって取れた後、また浮き出てくることがあります。

【そばかす】細かなシミが鼻から頬にかけて点々とできます。治療機器は「ノーリス」がオススメです。

【肝斑】目の下のCゾーンのハイライ

Check!

5〜10回の治療で目に見える効果が！

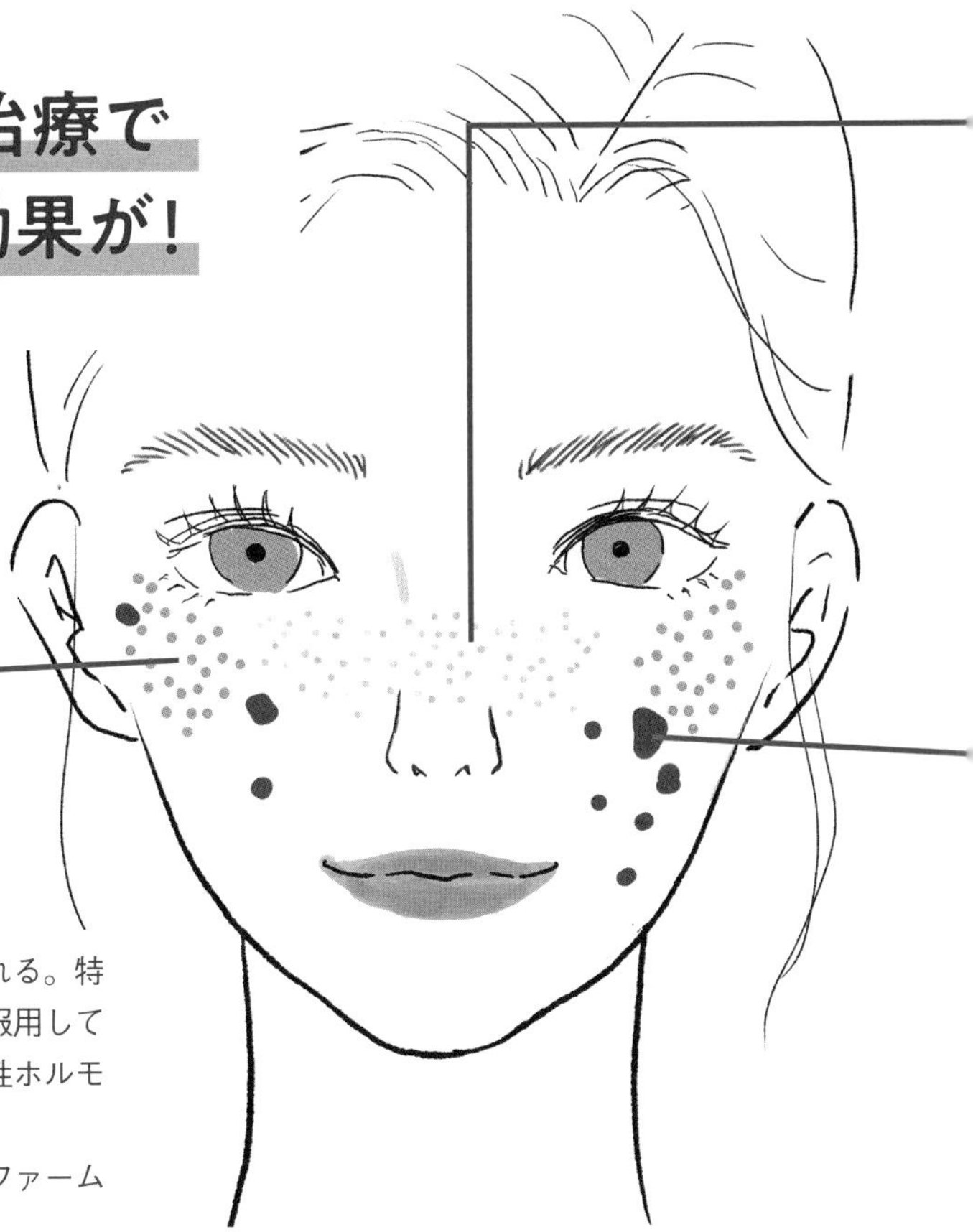

【肝斑】

場所：目の下のCゾーンのハイライト、目の周囲
特徴：ふちがモヤモヤしている。色は薄い
原因：中年女性に多くみられる。特に妊娠している人、ピルを服用している人に発生しやすく、女性ホルモンと関係している
オススメの治療機器：シルファーム

ト、目の周囲にできます。特徴はふちがモヤモヤしており、色は薄い茶色です。治療機器は「シルファーム」がオススメです。

そばかすや肝斑の治療は何回もレーザーを当てる必要がありますが、だいたい5〜10回程度受ければ、目に見える変化が感じられます。どのレーザー治療も術後は日焼け厳禁で、一定期間保護シールを貼る必要があります。

なおレーザー治療はどんどん進化しています。本頁のオススメは、あくまで2024年6月時点の情報なので、施術を受ける際は最新情報をお調べください。クリニックによって置いてある機械が違うので、自分のシミの種類を把握して、治療に適したレーザー機器が置いてあるクリニックを受診するほうが効率的でしょう。

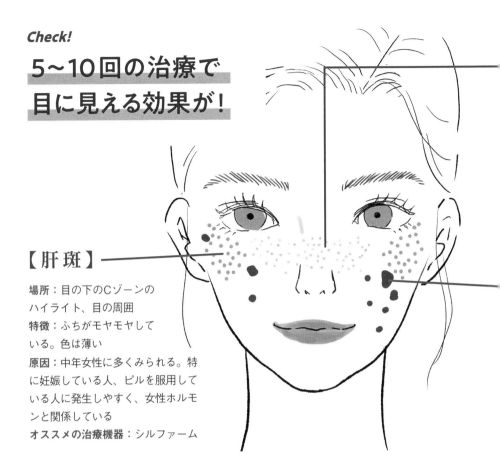

ほうれい線

原因に応じた対策を

Before

鼻の脇から口角にかけて刻まれるほうれい線。加齢によって深くなることが多いが、若くても骨格的にほうれい線が目立つ人もいる。脂肪や皮膚のたるみがほうれい線の上に乗っていることで、段差になっているケースも

「ほうれい線」は、加齢によってできるものだと思われがちですが、必ずしもそうではありません。「ほうれい線」の原因としては、「骨格・たるみ・脂肪」の3つがあります。

【骨格】骨格が原因のほうれい線は、年齢に関係なくできます。具体的には、頬よりも口まわりの骨格が出ている（いわゆる口ゴボ）の人は、鼻が頬にめり込んでいるのでほうれい線が目立ちやすいのです。その場合、鼻翼の下にプロテーゼのプレートなどを入れる尾翼基部手術（別名＝貴族手術）を行って、鼻を底上げするか、逆に骨を切り口元をひっこめる（両顎手術）が適応になります。ただし両顎手術は大掛かりで負担の大きい手術なので、若い人の場合は、まずは歯の矯正で口元をひっこめることを検討していただき

Check!

骨格を変えるか たるみをなくすか

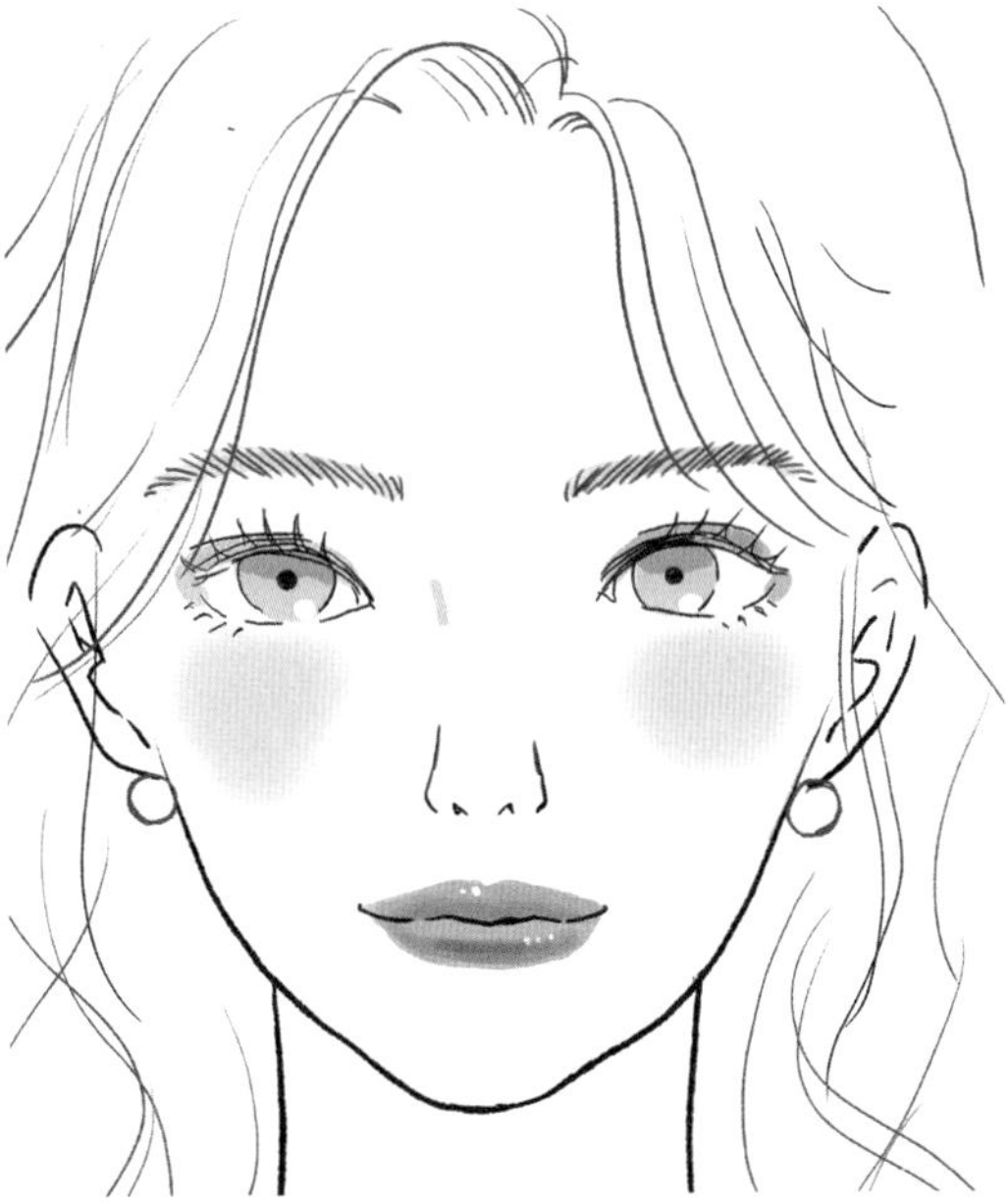

After

ほうれい線のあるなしは、見た目年齢に大きく影響する。「シワにはヒアルロン酸」と安易に考えるのはNG。よく動く場所なのでヒアルが周囲に移動しやすい。減ったと感じて注入を続けると不自然な「ヒアル顔」になることも

たいと思います。

【脂肪】脂肪が原因のほうれい線も年齢は関係ありません。対策としては、ほうれい線の上の脂肪（メーラーファット）を除去する方法があります。それでもまだほうれい線がある場合は、ほうれい線の境目にヒアルロン酸や脂肪を注入してカバーします。

【たるみ】加齢で皮膚がたるみ、ほうれい線ができている場合、脂肪除去では、ほうれい線はなくなりません。軽微であればヒアルロン酸で埋めるか、糸リフトで引き上げる。あるいはその組み合わせになります。糸リフトでほうれい線に効かせるには、中顔面リフトを施術できるクリニックを選びましょう。それでも効果が薄い場合は、切開リフトが適応となります。

糸リフト

たるみを引き上げて輪郭形成

Before

加齢による顔のたるみは、筋肉の衰え、皮下脂肪の減少、皮膚のハリの消失という3つの要因によって進行する。糸リフトは、トゲの付いた糸を皮下に挿入して組織へ引っ掛けて、たるみを持ちあげることでフェイスラインを整える施術

糸を使って皮膚のたるみを引き上げる「糸リフト」は、ギザギザがついた太めの糸をこめかみから差し込んで、ギザギザに皮膚を引っかけて上に引っ張り上げると、皮膚が引きあがるというしくみです。輪郭形成の施術ではありますが「肌のたるみを引き上げる」という意味で、お肌の章で紹介しています。

「糸リフト」は眠る麻酔（静脈麻酔）をかける人が多いのですが、局所麻酔でもできる簡単な手術で、ダウンタイムの腫れなども少ないです。後戻りを考慮して直後は突っ張るほど強めに引き上げますが、次第に肌になじんでいきます。

特徴は溶ける糸を使用するため、時間が経つと効果がなくなることです。持続期間は個人差がありますが3カ月

Check!

きれいなVライン形成には2段階の施術がオススメ！

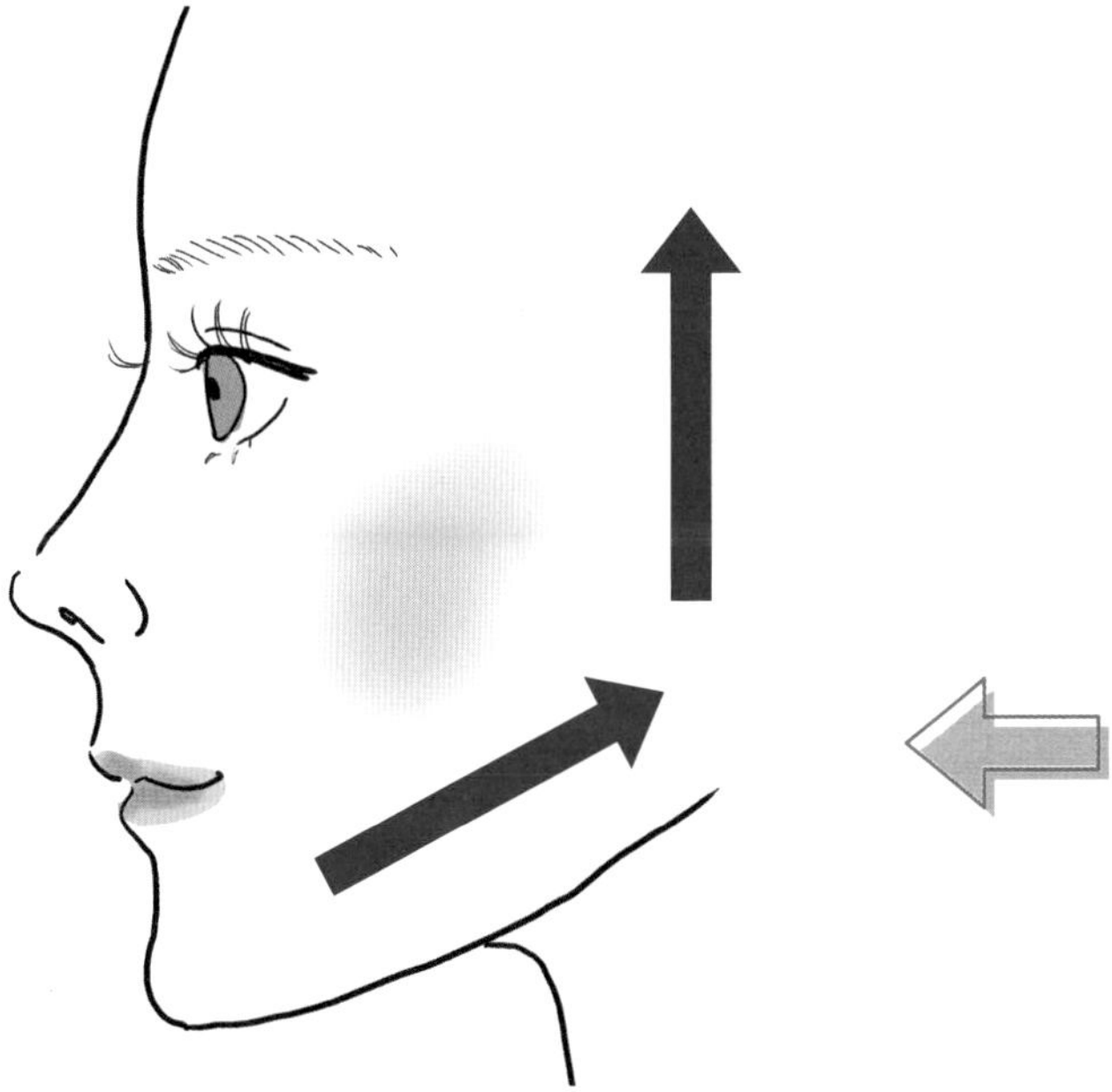

After

糸リフトでキュッと引きあがった若々しいフェイスラインに。後戻りを考慮し、施術直後は強めに引き上げる。糸の刺激によりコラーゲンが生成され、肌にハリが出る効果も。通常は溶ける糸を用い、効果は3カ月から半年ほど

～半年くらいが目安です。中には溶けない糸で糸リフトを行うクリニックもありますが、感染リスクを抱えるためオススメしません。

糸を何本入れるかはクリニックの方針や本人の希望により変わりますが、Vライン形成の場合は輪郭に3～5本、中顔面の場合は2～3本入れることが多いようです。なお、中顔面への糸リフトを行うクリニックはあまり多くないので、事前に診療メニューにあるか確認した方がよいでしょう。

糸リフトは簡単な手術なのですが、未熟なドクターが行うと頬骨部分がこんもり膨らんでしまうこともあります。それを防ぐには、こめかみから糸を入れてVライン形成をする場合は一気にではなく、図のように二段階で引き上げるテクニックが必要です。

Chapter 3

肌のまとめ

メイクやエステに頼るより思い切って治療したほうがコスパもタイパも良い

「シミ・そばかす・肝斑」はコンシーラーなどを使えば化粧でも隠せるのですが、毎日メイクに時間をかけるのも面倒ですし、どうしても厚化粧をしている印象を与えてしまいます。

中には、これらを隠すのではなくて、消すために美白化粧品やエステなどで頑張っている人もいますが、長い時間とたくさんの費用がかかります。

もちろんクリニックでの施術にも費用はかかりますが、確実に結果を出すことができます。とくにレーザー治療の効果は大きく、長年の悩みがスっと解決できます。お肌が綺麗だと、自分の気持ちも明るくなります。

お肌を引き上げる「糸リフト」は溶ける糸を使った施術で、あくまでも一時的に少しキュッと上がるぐらいの効果です。大きな効果は望めない分、顔

HISTORY らびちゃんの肌ヒストリー

アラフォーにしてほうれい線撲滅に成功しました！　色々やり続けているので、何の手術が一番効果があったのかは不明です。骨切りで口元を下げたこと、メーラーファット脂肪吸引あたりが効いているのかも

Past

何もしてない20代のほうがひどかったほうれい線

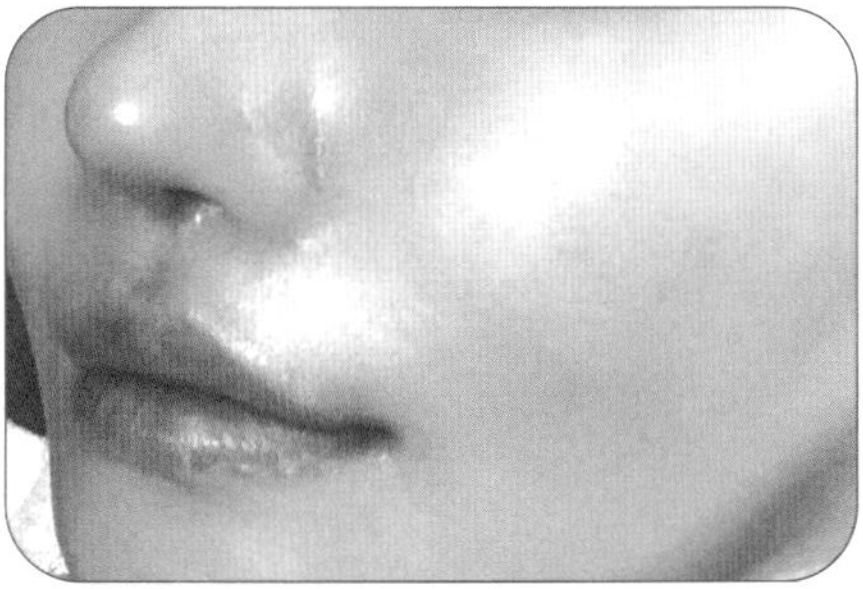

アラフォーの現在。ほうれい線撲滅できた！

Future

のパーツにも影響しないので、他の施術との順番を考える必要もありません。最近はインモードやハイフなどで脂肪除去したり引き締めたりしてほうれい線駆除する方法も人気です。

加齢による影響が顕著なのがお肌です。でも、管理することによって効果が出やすいのもまたお肌です。

年を重ねると、お金と時間と心の余裕が、その人の「美しさ」をつくっているように感じます。そして、肌の美しさは気品や華やかさを際立たせます。「年だから」とあきらめず、むしろ年齢を重ねるほど、肌管理をしっかりすることをオススメします。

YouTubeでもっと詳しく！

無加工写真ですごい変化！シミなどが消えた!? 美肌サプリ

らびちゃん
コラム

COLUMN

＼ 痛みのピークは3日まで！ ／

ダウンタイムの過ごし方

手術を受けた後、腫れや痛みが引くまでの期間を「ダウンタイム」といいます。施術内容にもよりますが、術後の腫れや痛みはだいたい3日目くらいがピークです。傷を縫った場合は、1週間前後で抜糸となります。職場復帰までのお休みは、簡単な手術は5日、切開や固定を伴う手術は1〜2週間、骨切りなどの大手術は1カ月取れると理想的です。ダウンタイムを短くするためには、次のことをするのがオススメです。

【枕を高くする】

まず大切なのは、枕を高くして寝ること。頭の位置を高くしておけば、腫れは下に降りてくれます。私は枕を3つぐらい使って、座るくらいの角度で寝ていました。

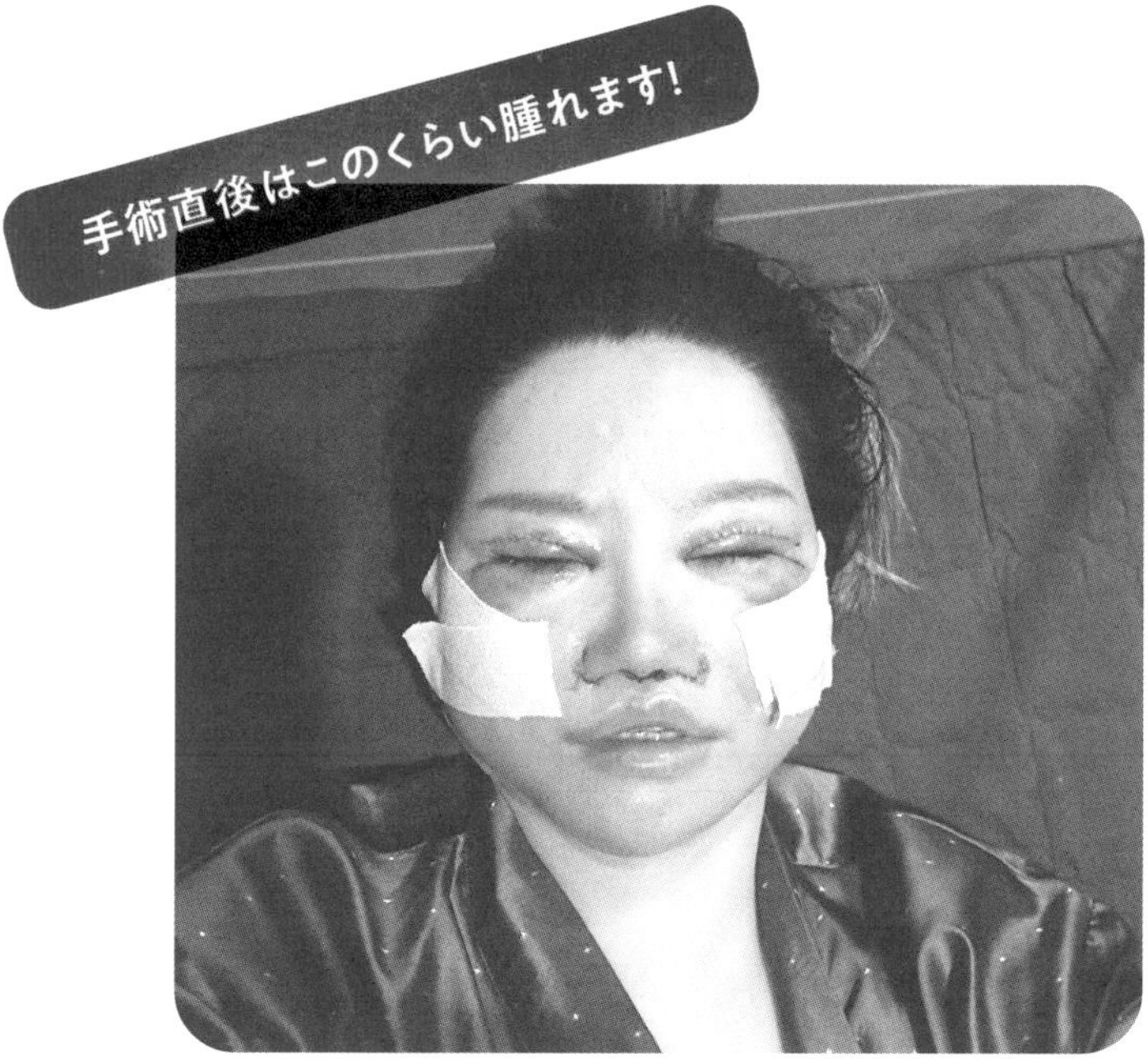

【とにかく冷やす!】

術後72時間は全力で冷やします。冷やすのは、腫れが出る前に、腫れを抑えるためです。なので、最初の72時間が勝負。常に冷やすぐらいのイメージで。なお、「冷えピタ」は効果がありません。ちゃんと「アイスノン」などを使って物理的に冷やしてくださいね。

【プロテインを飲む】

ダメージを受けた組織を修復するためには、タンパク質の摂取がかかせません。プロテインを飲むと、治るスピードが違います。私も術後は必ず飲んでいます。

【お散歩する】

術後3日すぎたあたりから、お散歩しましょう。歩くことが一番むくみに効きます。

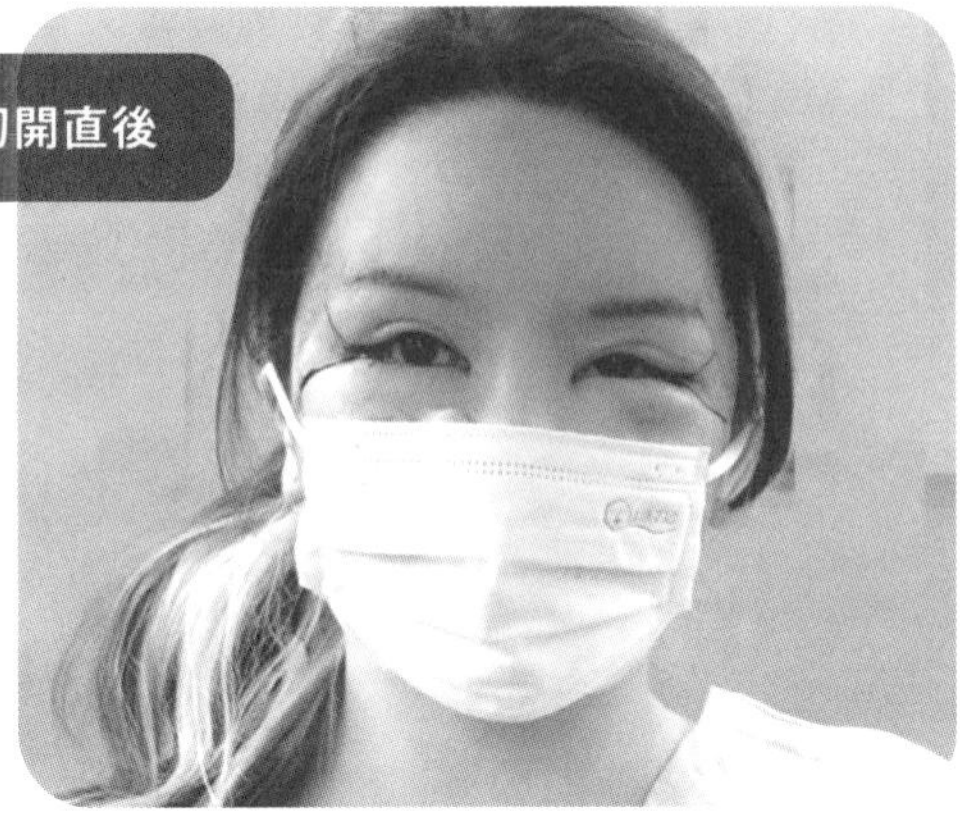

目尻切開直後

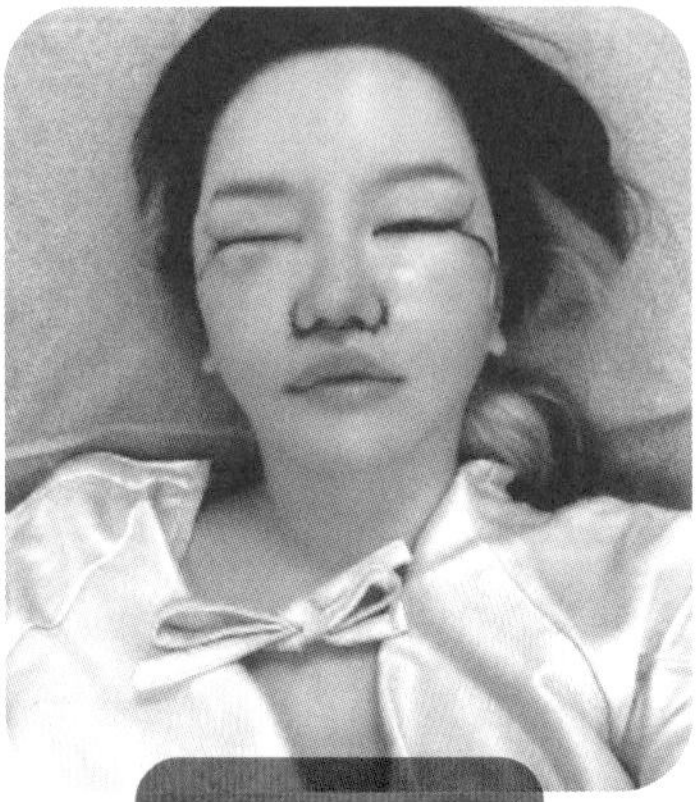

目尻切開&
小鼻縮小後

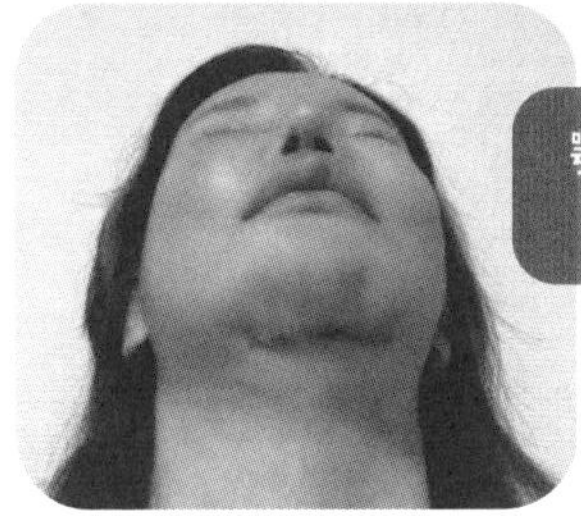

顎前筋肉縛りの
手術後

【砂糖を抜く】

術後の砂糖摂取はＮＧです。さらにいえば、本当は術前から砂糖を抜いておくのがベストです。砂糖を摂ると免疫力が落ちて感染リスクなどが上がる可能性があるからです。

私が効果を実感している愛用品

次に、私のダウンタイム愛用品を紹介します。効果が弱い類似品には注意してください！

【腫れが爆速で引くサプリ】

ニキビにも効くすぐれもの。ダウンタイムが早く終わる効果を感じているのは自分だけかと思いきやフォロワーさんからも続々と感想の手紙が届いています。

睡眠、食事、運動で
つらいダウンタイムを短縮

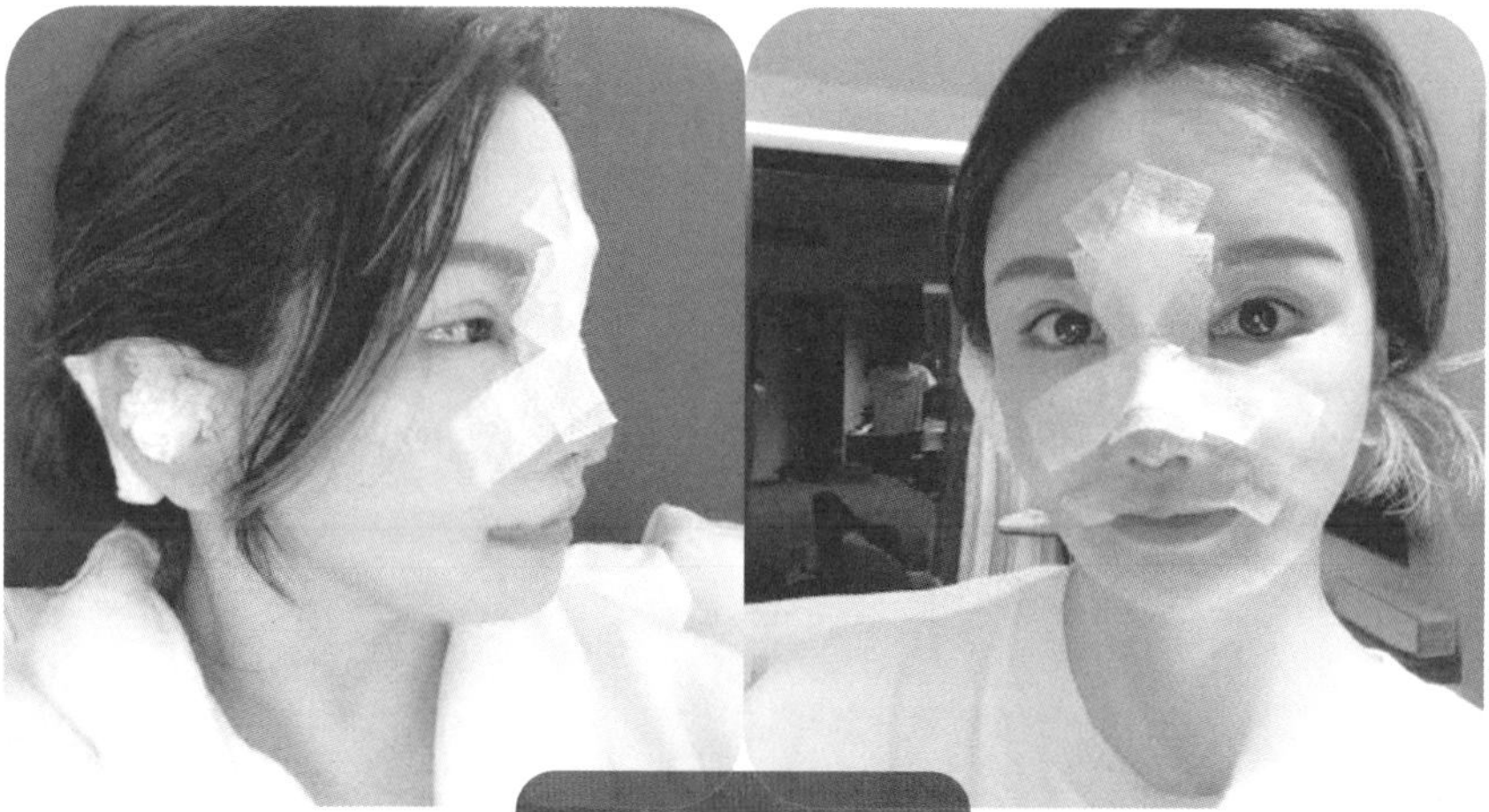

鼻整形した当日

【傷口を早く治すシール】

テラヘルツ鉱石が放つテラヘルツ波による肩こり用のシールですが、傷に効きます。

テラヘルツ鉱石は、水晶を高温で溶かして抽出した高純度のケイ素を、再び結晶化した人口の鉱石です。この鉱石が放つテラヘルツ波は1秒間に1兆回振動します。血流を良くして酸化を防ぎ、傷の治癒を早める効果があります。

【傷口を早く治すクリーム】

テラヘルツ波による高濃度マイナスイオンたっぷりのクリームです。マイナスイオンは傷の治癒に欠かせません。

傷に3Mテープでテーピングして、ケロイド防止の為に乾燥させないようワセリンを塗る方が多いですが、このクリー

サプリや対策グッズを手術前に準備して!

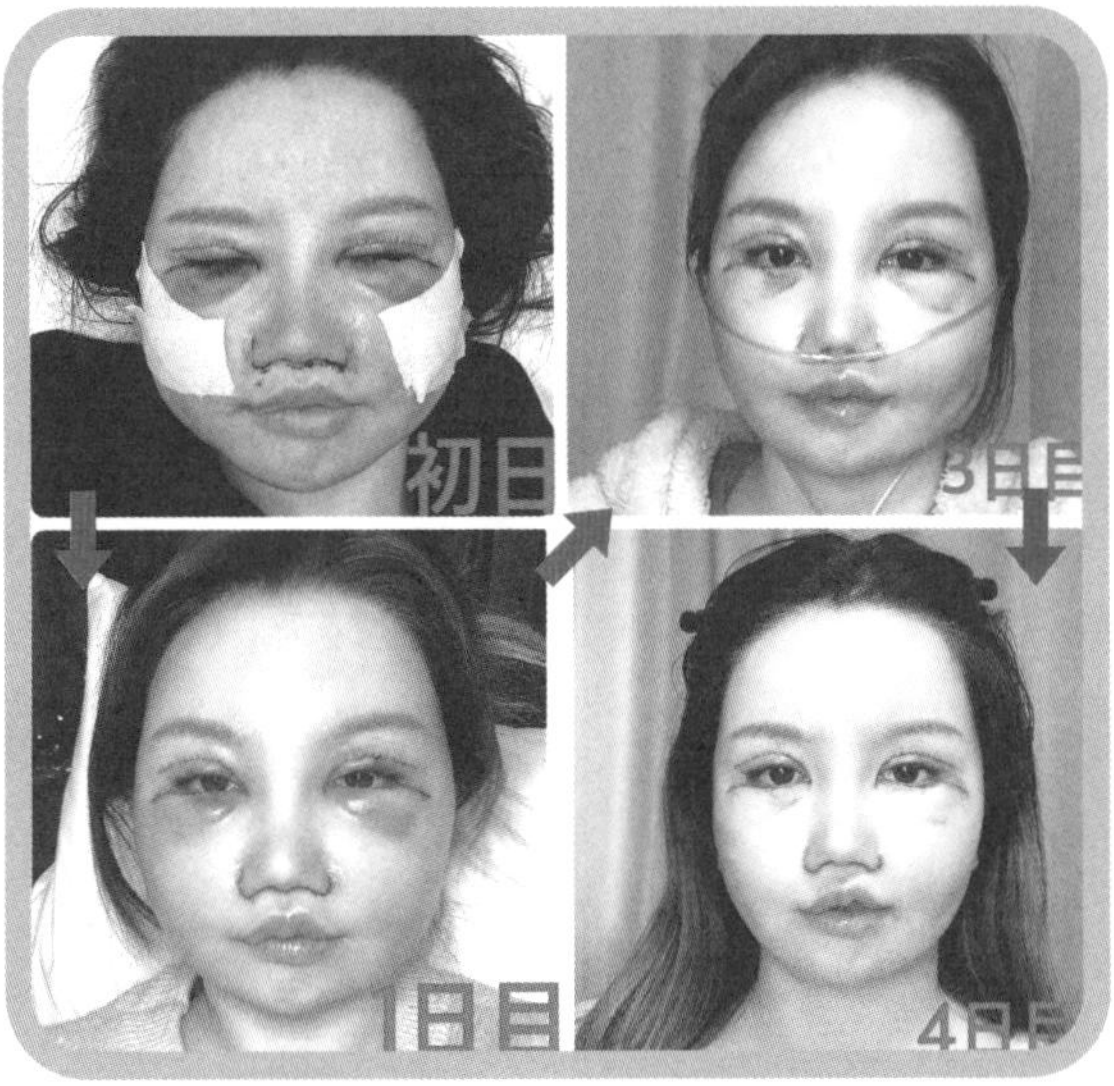

たった4日間でここまで腫れが引いた!

ムを塗るのをオススメします。しみないし使い続けていると肌がふわふわになるので、普段から愛用しています。

【水素吸入】

傷を早く治す、腫れを早く引かせる、体力回復、麻酔が早く抜けるなどの効果があります。

吸入した場合の効果は1時間、飲むと1回分で1日持ちます。精製水だけでつくれる水素化粧水生成モードもあるので、水素生成器を購入するなら、めちゃくちゃオススメです。

【シコリを早く取るカッサ】

テラヘルツ波は、細胞や血液を活性化する働きが実証されています。数カ月しつこく残っていた整形の腫れのしこりに当てていたら、柔らかくなりました。

傷口を早く治すシール

肩こり用のシールですがダウンタイムにも効果的

傷の周りに貼っていました

みかんに貼ると腐らないという実験結果も出ているらしい

傷口を早く治すクリーム

ダウンタイムに限らず普段から愛用している逸品

シコリを早く取るカッサ

リフトアップ効果も抜群！

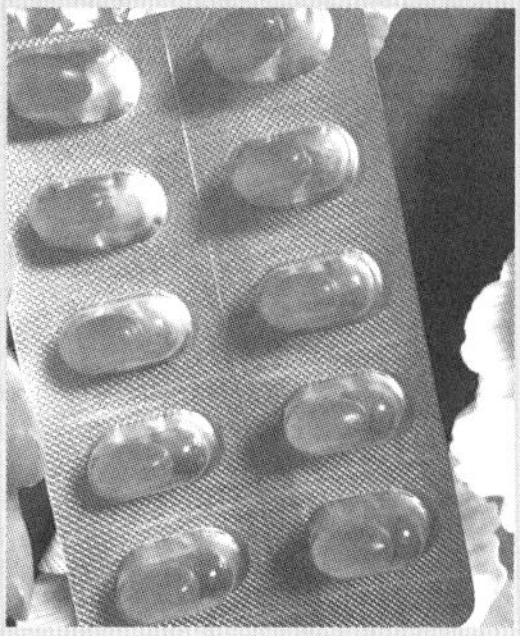

腫れが爆速で引くサプリ

体の悪いところを探して治すからニキビにも◎

水素吸入

水素界の第一人者の博士がつくっていてありえない濃度！

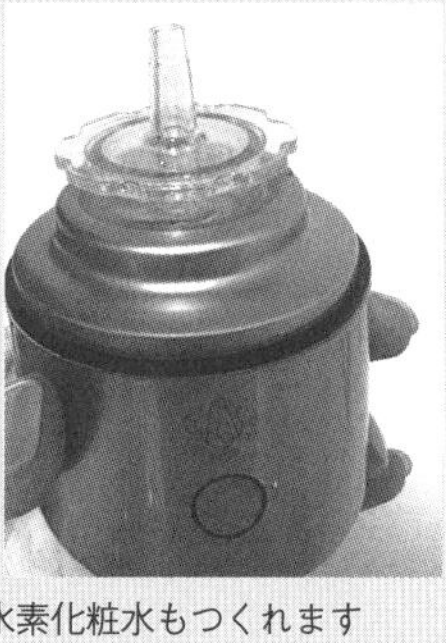

水素化粧水もつくれます

サプリやグッズをお得に買う方法はこちらをチェック！

口【くち】

笑顔が似合う柔らかく優しい顔で好感度アップ！

口元はその人の好感度につながるパーツです。「優しい人」と「怖い人」を記号で表すと、優しい人はにっこり口角の上がった〝スマイルマーク〟、怖い人はムスッと口角が下がった〝への字口〟で表されます。これは口元が与える印象によって、性格や人格まで判断されてしまうということです。

口角が上がっていると優しく柔らかい印象になり、若々しく見られやすくなります。逆に下がっていると、不機嫌で気難しい人だと思われたり、年齢よりも老けて見られたりすることも。どちらの好感度が高いかは明らかですよね。日頃から、口角はキュッと引き上げるよう常に意識しておくことが大切だと思います。

とはいえ、もともと口角が下がっている

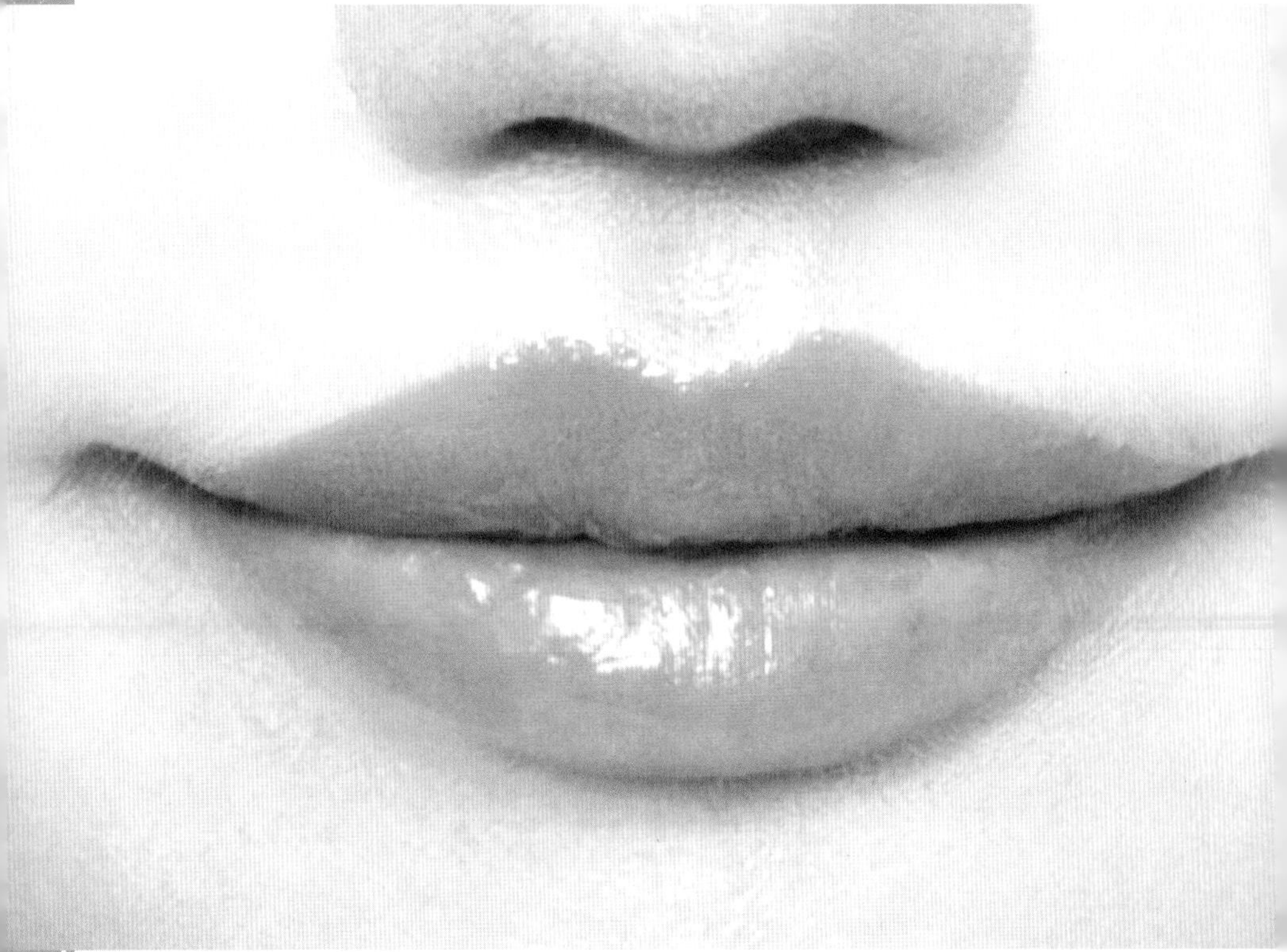

人もいますし、加齢によっても口角は下がってきます。そんな時は、ぜひ美容医療の力を借りてみてください。
気軽に受けられるボトックスやヒアルロン酸の注射から、永続的な効果が期待できる外科手術まで、さまざまなアプローチがあります。口角を引き上げたり、唇をふっくらさせたり、薄い唇を厚くしたり、逆に厚い唇を薄くしたり。小さい口を大きくしたり、大きな口を小さくしたりすることも可能です。
なお、口元の形状は歯ならびやあごの形、表情によっても大きくかわります。無表情のときだけではなく、笑ったとき、大きく口を開けた時、横顔など、総合的にみて最適な施術を選択しましょう。

口角ボトックス 口角挙上

不機嫌そうな〝への字〟から脱却！

Before

不機嫌そうに見える「への字口」は悪印象につながることも。ボトックス注射は口角を下げる筋肉を弱め、相対的に口角を上げる筋肉を優位にする効果がある。永続的な効果を求める場合は、外科的に口角を上げる「口角挙上」を

口角にボトックス注射を打つだけで、簡単に口角をキュッと引き上げることができます。ダウンタイムもなくお手軽に「への字口」を改善できるのがメリットですが、変化量が少ないので、大きな効果を求める方にはオススメできません。ナチュラルな変化を求める方向きです。

なぜボトックス注射で口角が上がるかというと、口角を下げる筋肉の一つである「口角下制筋」にボトックスを注入することで、口角を下げる筋肉の緊張をゆるませ、相対的に口角を上げる筋肉の働きが良くなるからです。ボトックスは注射後自然に効果が消えていきますので、持続期間は3～6カ月程度です。

このボトックス注射と同時にヒアルロン酸を注射することで、口角を上げ

Check!

元に戻るか戻らないか

After

口角が上がると、優しく親しみやすい印象に。「口角挙上」は口角の皮膚を取り除いて縫い縮める施術。数カ月で効果が消えるボトックスとは違い、永続的な効果が見込める。ただし、加齢が進むと、たるみで多少後戻りすることも

るだけではなく唇の形をデザインすることもできます。

永続的に口角を上げた状態にしたい場合は、「口角挙上《きょじょう》」という手術があります。口角の近くの皮膚を切開して筋肉を縫い縮めることで、その名の通り常に口角が上がっているように見せることができます。

メリットは、皮膚を切開して内部の組織に手を加えるため、一度手術を受ければ半永久的な効果を期待できることです。デメリットは、口は動きやすい場所のため、ダウンタイムがやや長くなりうっすら傷が残ること。また、完全に元に戻ることはありませんが、徐々に後戻りしてしまうことがあります。よく動かす場所であるうえ、施術後にも加齢によるたるみは進行していくためです。

唇ヒアルロン酸

唇を分厚く、ボリュームアップ

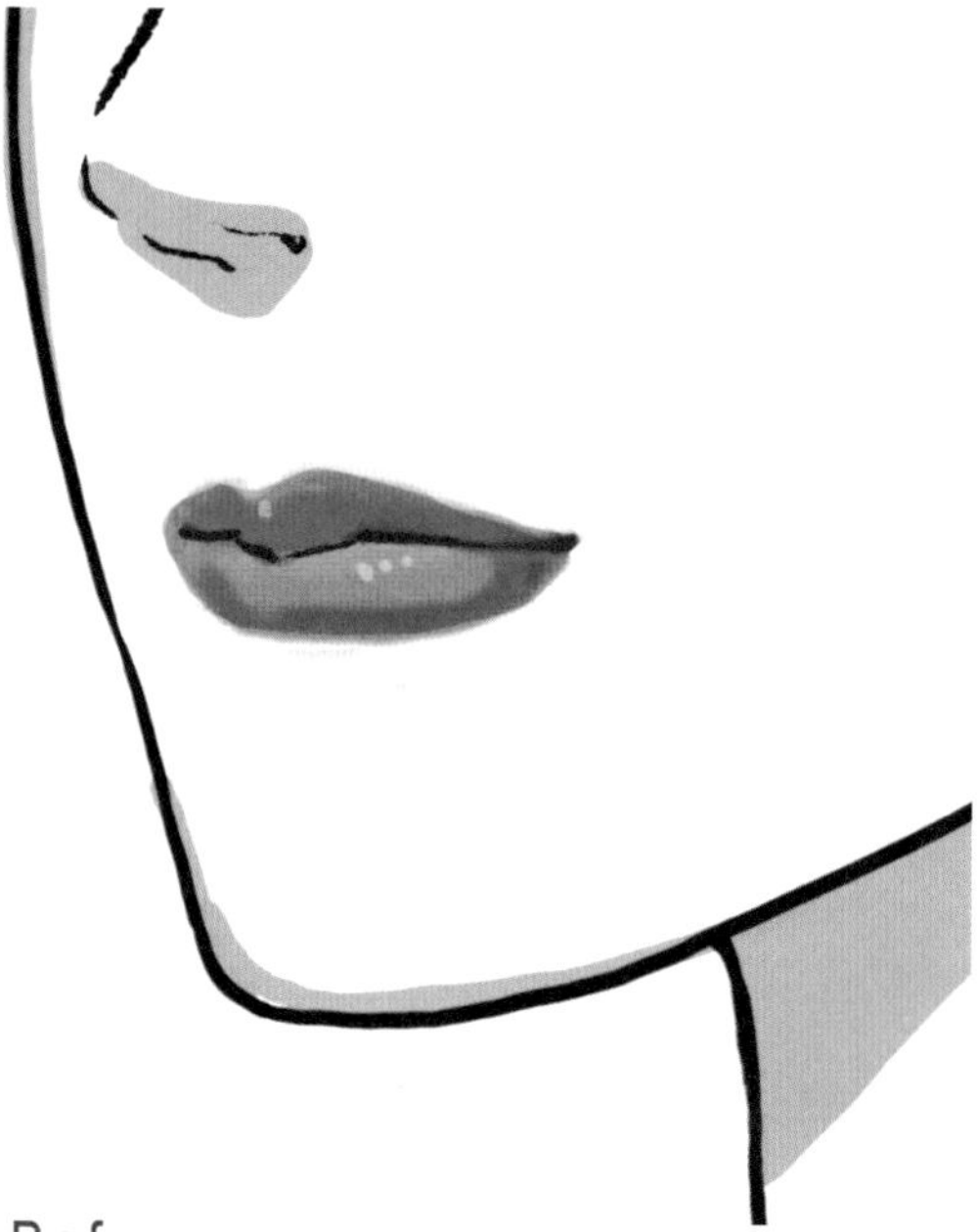

Before

加齢により唇に含まれるコラーゲンやヒアルロン酸の量は減少していく。次第に唇が薄くしぼみ、縦ジワが増えるのはそのため。唇全体のボリューム不足は、メイクアップではカバーが難しいので、ヒアルロン酸注入がオススメ

ヒアルロン酸を注入することによって、ふっくら若々しい唇に。注入場所や量を調節すれば、ある程度デザインを加えることも可能です。

唇にメリハリをつけてMの字にデザインする「M字リップ」が人気ですが、これは口角の手前の部分を下側に下げるようにヒアルロン酸を入れることで、相対的に口角が上がっているように見せるものです。色っぽさと可愛さを兼ね備えたデザインですが、口角の手前が下がる分、人によっては鼻の下の距離が間延びして見える場合もあります。

また。ヒアルロン酸を上唇のふちに入れて、横から見たときに、チュンと上にめくれているようにみせる「Cカール」というデザインも流行っています。Cカールがあると顔が立体的にな

Check!

入れすぎると一気に整形感が

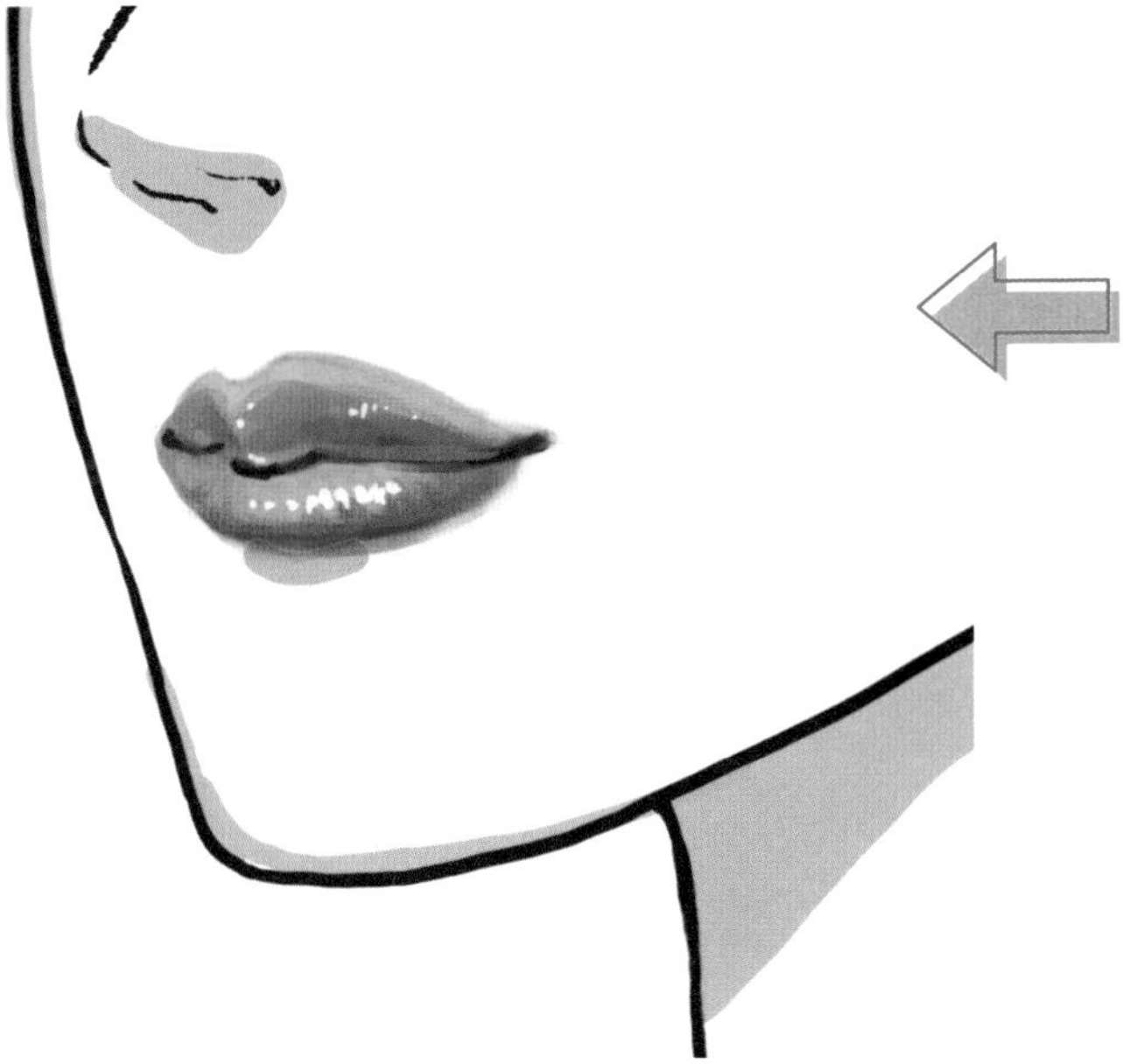

After

ヒアルロン酸を注入すると、唇がふっくらつややかに。注入場所や量を調節することでアヒル口やM字リップなどのデザインも可能。横から見たときに、チュンと上にめくれているようにみせる「Cカール」というデザインも人気

り、若々しく可愛い印象になります。ただし、口元が出ている人の場合は、Cカールで口元の突出感が強調されてしまうので注意が必要です。

唇へのヒアルロン酸注射は気軽に受けられる施術で、ダウンタイムもほとんどなく、傷跡も残りません。入れたヒアルロン酸は自然に減っていきますし、もし気に入らない場合は溶かすこともできます。

しかし意外に入れたことがバレやすい施術でもあります。バレる原因の一つは、触った時にわかる質感の硬さです。唇用の一番柔らかい製剤を選択するようにしましょう。また、唇にヒアルロン酸を入れすぎると一気に整形感が出ますので、注入量がエスカレートしないよう注意が必要です。

口のまとめ

Chapter 4

比較的安価でお手軽にイメージが変わる!

でもリスクはあります

口の整形は、鼻に比べると圧倒的に簡単な部位です。とくにヒアルロン酸やボトックスの注射を打てば、比較的安価ですぐにイメージを変えることができます。

しかし効果は限定的です。3カ月から6カ月ほど、多少失敗してもすぐ元に戻るというのは初心者にとって安心材料かもしれません。根本的になおしたい場合は、切開手術を検討してもよいでしょう。

痛みやダウンタイムについては、ヒアルロン酸やボトックスなどの注入治療はないに等しいです。手術であっても痛みについては抜糸くらいのレベルだと思います。手術した箇所は口元だけにマスクですっぽり隠れますし。術後しばらくは辛いものや熱いものの禁止など、その程度です。

HISTORY らびちゃんの口ヒストリー

私は「口角挙上」と「外側人中（口唇拡大）」の手術をしています。口角を上げつつ唇をめくり上げると、かなり口を大きくできますよ！　もしも小さく戻したい場合は、口角を切って縫い縮める手術もあります

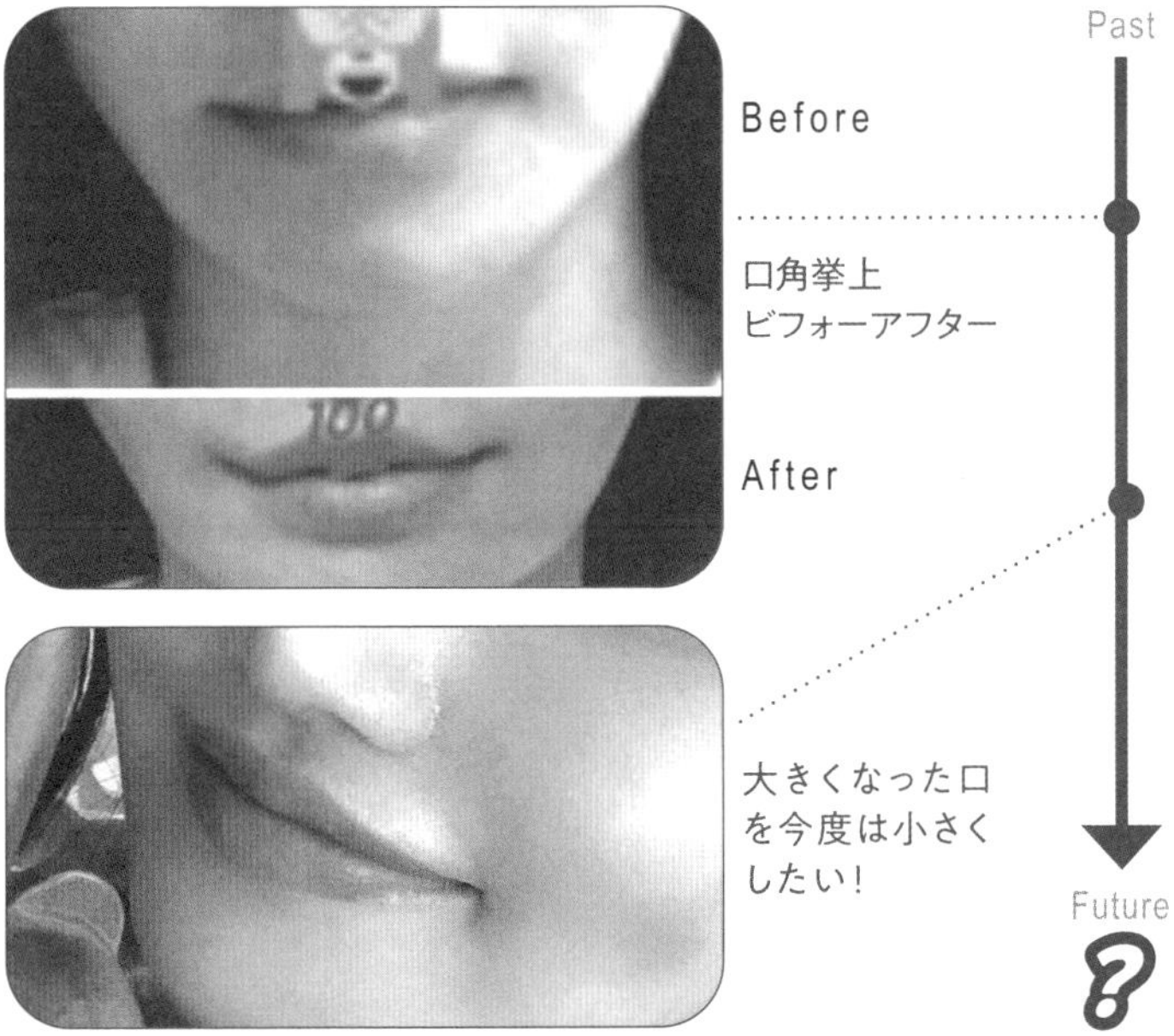

口元に関する相談で多いのは、「小さい口を大きくしたい」です。口を一番大きくできるのは、「口角挙上」と「外側人中（上口唇拡大）」の組み合わせだと思います。私の場合は少し大きくしすぎたので、小さく修正したいと考えています。小さくするには、口角を切って縫い縮める手術があります。修正できるとはいえリスクがありますので、切る施術は慎重に行ってください。

余談ですが、先日人間ドックに行ったときに肺活量を測ったのですが、ホースをくわえてフーって息を吐いても、口角から空気がもれてしまってうまく測定できませんでした。口角の手術にはそういうリスクもあります。

YouTubeでもっと詳しく！

らびちゃんコラム

RABI chan COLUMN

あとから修正できるの?

整形に失敗したときは

私はこれまで、整形の失敗も何度か経験しています。このコラムでは、昨年韓国で受けた鼻の整形手術の失敗を紹介したいと思います。

受けた施術は「小鼻縮小」だったのですが、仕上がった小鼻は幅が縮まるどころか、つぶれて広がっていました。それはもうひどい仕上がりで、さすがに返金という流れになったのですが、すごく揉めたし、修正もとても大変でした。

こうなった一番の原因は、骨切りの手術と一緒に、ついでに小鼻の手術を頼んでしまったからです。寝ている間に同時に終わってくれればラクだと思ってお願いしたら、大変なことになっていました。「技術が必要な骨切りができる先生なら、当然、小鼻

手術前

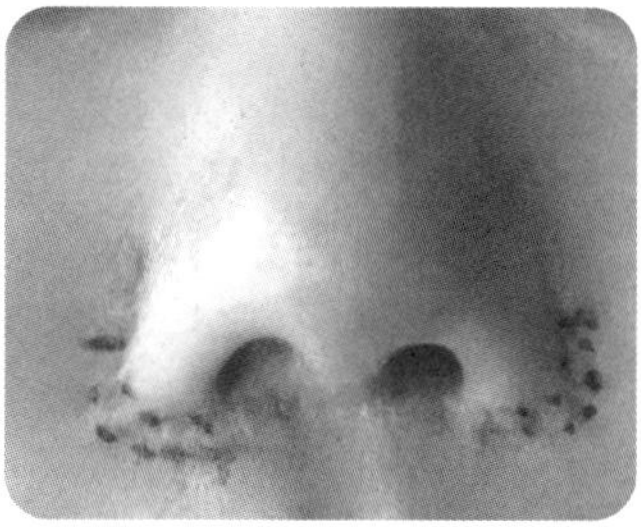

内側のラインに合わせて、傷跡を修正して欲しいとオーダー

手術後

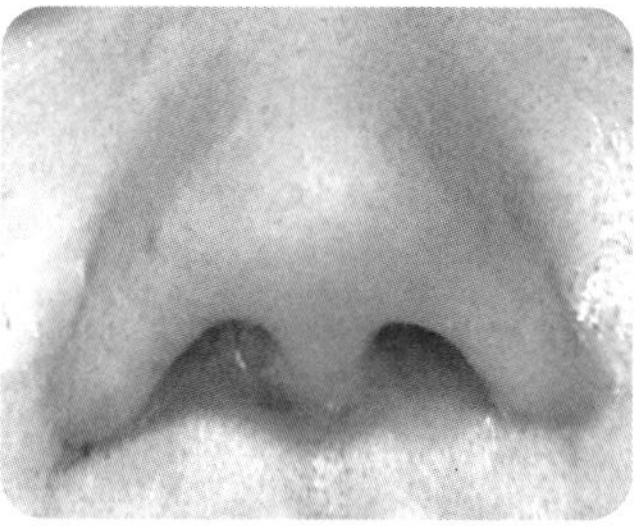

まさか外側のラインに合わせて小鼻を広げられるとは！　大ショック

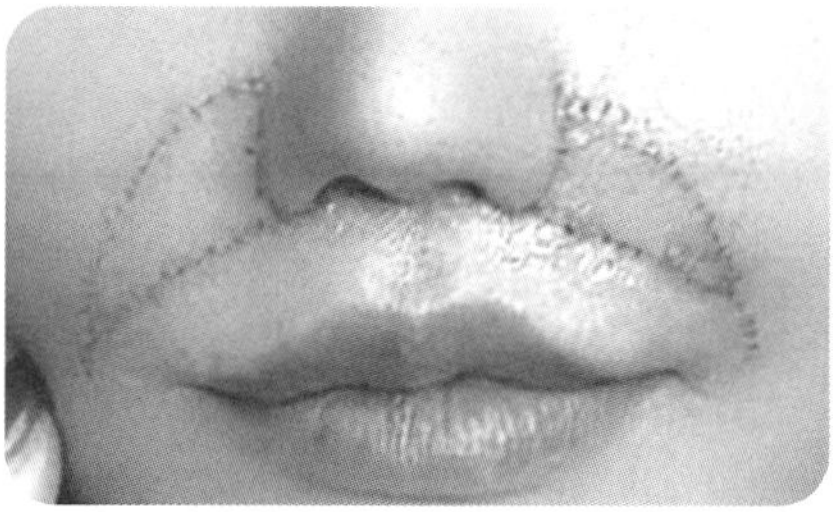

修正後

あちこちで断られた難しい修正。形成外科の名医により小鼻再建に成功

くらいできるでしょう」との思い込みが大間違い。骨切りはその先生で良くても、小鼻は別の先生にすべきでした。

そもそも韓国にはあんまり小鼻を縮小するという文化がないらしくて、これまで鼻のカウンセリングを受けた際に「小鼻をちょっと縮めたい」と言っても、「いらない、いらない」みたいな感じで断られていたのです。考えたら「小鼻が得意な先生」も聞いたことがありません。いずれにせよ小鼻というのは細かいパーツなので、繊細な手術が得意な日本でやる方が向いています。

返金について

整形を失敗した際に、返金してもらえるのは、実は珍しいことです。たとえ手術に失敗してひどい仕上がりになったとしても、

手術前

すでに小鼻修正は複数回経験済。骨切りのついでに傷跡修正をオーダー

手術後

こんなひどい鼻って……小鼻縮小整形史上No.1のエグい失敗なのでは？

事前にリスク説明がされていて、同意書も書いているパターンが多いので、返金されずに泣き寝入りということが多いのです。

今回返金された決め手は、やっぱり私がインフルエンサーだったからだと思います。私がフォロワーさんに与える影響を考えて、返金に至ったのではないかと推測します。

精神的なダメージやその後の修正手術にかかる費用や手間、傷跡などを考えたら返金だけでは納得できませんが、もし裁判で争うとなったらもっと面倒になるので、まだマシだったと思うしかないですね。

失敗の修正

この小鼻縮小の失敗は、修正するのもとても大変でした。日本に帰ってきてから多くの病院にカウンセリングに行ったのです

修正後

修正直後は目立った傷跡もここまで綺麗に。本当に良かった！

返金されるのはレアケース。他院修正は断られることも…

が、ただでさえ他院修正は嫌がられるのに「韓国でした手術の修正は無理です」とか「鼻の皮膚が足りないから、うちでは修正できない」と言われて、たらい回しにされました。

修正ができるといわれたクリニックで、めちゃくちゃ高い見積もりを出されたこともあります。きっと整形を失敗された人の多くが、同じような苦労をしていると思います。私の場合は、最終的に形成外科の名医が、ＶＹ法という通常美容整形の手術ではしない、高度な技術で修正してくれて救われました。本当に感謝しています。

皆さんも、くれぐれもドクター選びは慎重に！「ついで」だからと一度に手術するのは避けてください。部位ごとにしっかりクリニックとドクターを選定してくださいね。

輪郭【りんかく】

目、鼻より先に土台から「最初に輪郭」が理想の顔への最短ルート

整形にチャレンジする方の多くは「目」や「鼻」などのパーツを一つずつなおすところからスタートすると思います。しかし理想の顔がはっきりしていて、「全顔整形をしてでも、絶対にそこにたどり着きたい！」という強い気持ちがある方は、順序を考えて土台からスタートするのが早道です。

人の顔の土台にあたるのは、「輪郭」です。粘土で人の顔の模型をつくるところを想像してみてください。まずはのっぺらぼうの輪郭からつくり、その上に目鼻を乗せていくという流れになるでしょう。整形も同じで、本当は土台からスタートするのが、時間・お金・労力を無駄にしない最短ルートです。

人の顔を土台から並べると、骨、筋肉や脂肪、おでこ、目鼻などのパーツとなりま

す。最初にやるべきなのは、両顎や輪郭三点（頬骨、あご、エラ）などの骨にかかわる手術、その後に頬や顎下の脂肪吸引を行い、おでこを形成します。そうして土台を完成させた後に、パーツを仕上げていきます。順番でいくと、まず口周りをやって、鼻をやって、最後に目です。

鼻よりおでこを先にする理由は、前述したように鼻を整形した後におでこを出すと、バランスが崩れて相対的に鼻が低く感じ、やり直しになるからです。口元と鼻では口元が先ですが、できれば同時にデザインを考えたほうがよいでしょう。

目を最後にした理由は、目頭切開などをした後に鼻を高くすると、皮膚が引っ張られてバランスが崩れ、目の形が変わる可能性があるからです。

額形成

「おでこ」でつくる若さと立体感

Before

おでこが狭くて平坦、あるいはデコボコしていると貧相で老けている印象になりがち。額形成は日本では比較的新しい分野だが、韓国では早くから行われており、韓流ブームもあり人気に。通称「オルチャンデコ」とも呼ばれる

赤ちゃんや幼い子どもは、丸くて大きな「おでこ」をしています。つるんとした丸いおでこは、可愛らしさや若々しさ、女性らしさの象徴です。おでこを丸くすると顔に立体感が出るので、横顔も可愛いらしく整い、童顔に見える効果もあります。

おでこを丸くする施術としては、「骨セメント」と「ヒアルロン酸」の二択という時代がありました。「骨セメント」とは、アクリル樹脂製の医療用セメントで、骨を接着する手術などに使います。頭皮部分を切開して流し込むのですが、手術が大掛かりになることと、基本的に後から修正ができないというリスクがあります。完成した後の質感が、少し人工的であることもデメリットです。

「ヒアルロン酸」は手軽に受けることが

After

おでこをまるく整えると、顔に立体感が出て横顔のラインもキュートに変身。若々しく華やかな印象を与えられる。脂肪注入で額形成する場合、しこりやデコボコを防いで定着率を高めるため、少しずつ複数回に分けて行うのがポイント

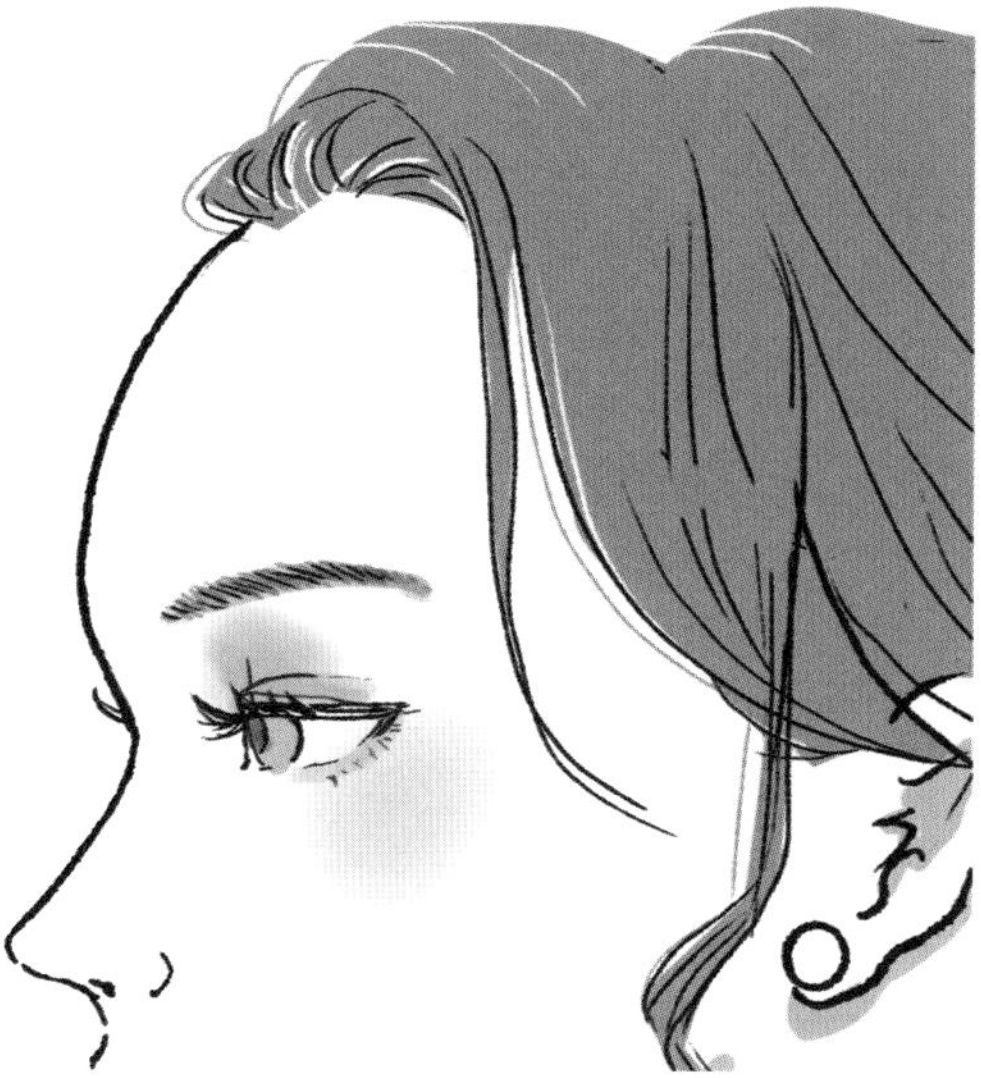

Check!

効果が永続的な「脂肪移植」が主流

できるのですが、すぐに減ってしまうので半年から1年ごとに再注入が必要です。おでこは入れる量が多いので、経済的な負担が大きいのがデメリットです。

現在、おでこを丸くする手術の主流になっているのは、「脂肪移植」です。これは太ももやお腹などから脂肪を採取し、加工したものを注射器で注入する治療になります。脂肪移植は、注入したものがすべて定着するわけではありません。とはいえ一度に大量に注入すると、しこりになったりデコボコしたりするリスクがありますので、2〜3回に分けて少しずつ入れるのが基本です。脂肪定着後、その効果は体重が大幅に減るなどなければ基本的に半永久的です。ダウンタイムも短くてバレにくく、あか抜けるので、満足度が高い手術だといえます。

脂肪溶解 脂肪吸引

顔の脂肪を取ってすっきり美顔に

【バッカルファット】

頬の内側の、深い層にある脂肪を指す。若い頃は頬骨〜こめかみのあたりにあるが、加齢とともに下垂して顔がたるむ一因に。取りすぎると頬コケや老け顔になるので注意が必要。外からではなく口内を小さく切開して除去する

【頬】

脂肪吸引でいう「頬」とは、頬の下部分〜あごまでの部位を指す。「下ぶくれ」タイプの顔が適応。頬を脂肪吸引すると、輪郭がすっきり整い小顔になる効果がある。単独ではなく顎下とあわせて脂肪吸引することが多い

【顎下】

あご下部分、いわゆる「二重あご」になる部位を指す。この部位は肥満や加齢により脂肪がたまりやすく、落としにくい。顎下の脂肪を吸引することで、あごと首のくびれがはっきりして輪郭がすっきりし、首も長く見える

顔の脂肪除去には、「脂肪溶解注射」と「脂肪吸引」の2種類があります。脂肪溶解注射は、従来の薬剤（ＢＮＬＳ、ＢＮＬＳ ｎｅｏなど）は効果が薄く「金ドブ整形」の代表格のようにいわれていました。しかし今は、より効果の高い次世代の薬剤（カベルライン、ＦａｔＸなど）がでてきています。カベルラインは従来のＢＮＬＳの５０００倍の濃度、ＦａｔＸは１万倍の濃度といわれており、何回か打つことでしっかり効果を感じます。

「脂肪吸引」は余分な皮下脂肪をカニューレという細い管で吸引して、脂肪細胞そのものを減らす施術です。脂肪吸引の機器には、ただ脂肪を吸引するだけのものから、超音波や熱で脂肪を溶かしてから吸引する機種（ベイザー）や、振動で脂肪細胞を砕いて吸引

Check!

昔は「金ドブ」も最新の薬剤は効果アリ

ほうれい線から上の、頬骨周辺にある脂肪を指す。メーラーファットが多いとほうれい線の上に脂肪が垂れてしまうことで段差が目立ち、頬骨周辺がモコっと膨らんで見える原因となる。取りすぎるとへこんで老け顔になるので注意

【メーラーファット】

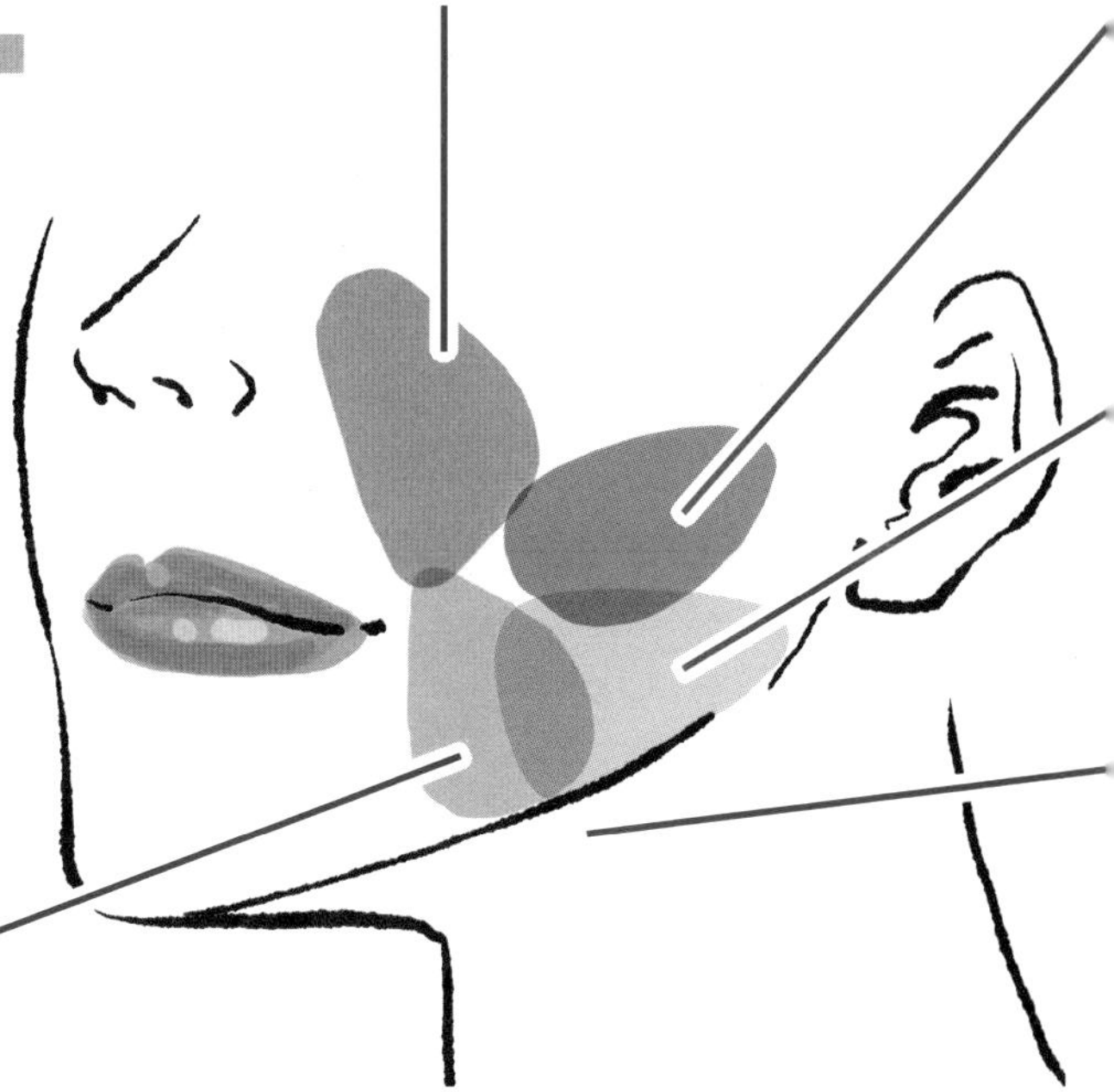

頬の下部、マリオネット線の周囲にある脂肪を指す。加齢や重力により下垂し、厚くなる。下垂が進むと口元のたるみやもたつき、マリオネットラインのシワ、ブルドッグ顔などにつながるが、取りすぎるとたるみや老け顔になる

【ジョールファット】

する機種（アキーセル）などがあります。
顔の脂肪には部位があり、希望する部位から適量だけデザインを考えながら吸引する必要があります。繊細な技術が必要となるので、どの機械を使っているかなど事前に確認しましょう。

顔の脂肪吸引の注意点は、脂肪の取りすぎと皮膚のたるみです。脂肪を取りすぎると頬コケや老け顔につながります。脂肪吸引によって皮膚のたるみが生じる原因は、皮下脂肪が減少し、皮が余ることにあります。対策はＨＩＦＵなどの引き締めタイトニング系のレーザーの併用、糸リフトの併用、ダウンタイム中にインディバの施術を受ける、などがあります。また、術後の圧迫バンドを指定された期間中はしっかり着用して、皮膚を動かさない、むくませないことも大切です。

骨切り

大手術で一気に小顔に

Before

「骨切り」とはその名の通り、頬骨、エラ、あごなどの骨を切ったり削ったりして、土台から輪郭を整え小顔にする施術。大手術なので費用が高く、ダウンタイムも壮絶。顎変形症など健康上の問題がある場合は保険適応になることも

「骨切り」は、顔の骨を切ったり、削ったり、移動させたりして、理想の形や位置に修正する施術です。骨切りは大手術なので、全身麻酔必須です。

ダウンタイムは長く、腫れや痛みもハード。クリニックのホームページには、大体「大まかな腫れは2週間」と書いてあるのですが、完全に落ち着くまでは3カ月～半年はかかります。

【輪郭3点】 輪郭3点とは、頬骨とエラと顎。この3点を整える手術を同時に行う施術です。頬骨が目立つ輪郭、エラが張った四角い輪郭、あごが目立つなどの悩みを解消し、滑らかな小顔にします。基本的には口の中からアプローチし、ノミを入れて、骨を削ります。骨が小さくなる分、術後に皮膚がたるむリスクがあります。また、エラ

After

「骨切り」は大手術だけに変化量が大きく、一気に小顔になる。その分、余った皮がたるんだり、神経に影響してしびれや麻痺が残るリスクがある。エラの骨を削りすぎると「犬顔」といわれる独特の形状になることがあるので注意

Check!

エラを削りすぎて「犬顔」に注意

を削りすぎると「犬顔」という直線的な形状になるので注意が必要です。

【両顎手術】 上下顎骨切り術（ルフォー＋BSSO＝両顎手術）とは、上顎骨と下顎骨を削って動かし回転をかけることで、希望の輪郭にする手術です。面長の人が顔全体を短くする、顔やあごの曲がりを修正する、突出した口元をひっこめる、あごがない場合はオトガイを形成する、などの症状に合わせて複合的な施術を行います。

【頬骨セットバック】 頬骨セットバックとは、張っている頬骨を切って後ろへ下げ、周囲との段差を削り、滑らかな輪郭にする手術です。目の横の骨も一緒に動かすため、小さく埋もれていた目が前に出て大きく見える効果もあります。

Chapter 5 輪郭のまとめ

どんな名医でもなんでもできるわけじゃない

　私は一度でも大変な「骨切り」をなんと6回もやっています。最初に骨切りした当時は、エラがないほうがシュッとするだろうと考え「思いっきり切ってください」とオーダーしたのですが、これが大失敗でした。

　エラは皮膚がたるまないための支えであり、若見えのポイントでもあります。安達祐実さん、永作博美さんなど、若く見える女優さんは皆、エラがあります。それを知らずエラを削ったために、皮膚がたるんでしまいました。

　またエラを削ったら、そのままVラインにつながるのが理想ですが、それだと歯茎まで削ることになり、現実にはあごを残さないといけません。

　以前、輪郭はほっそりしているのにあごはごついままというバランスの悪い輪郭になったことがあります。今は

HISTORY らびちゃんの輪郭ヒストリー

面長から、ちゅるんとした小顔の童顔に。これは両顎手術でしか出せない変化なので、やってよかったと思っています。20歳くらい若見えするようになりました！　おでこの脂肪注入も簡単にあか抜けられて満足度が高い施術です

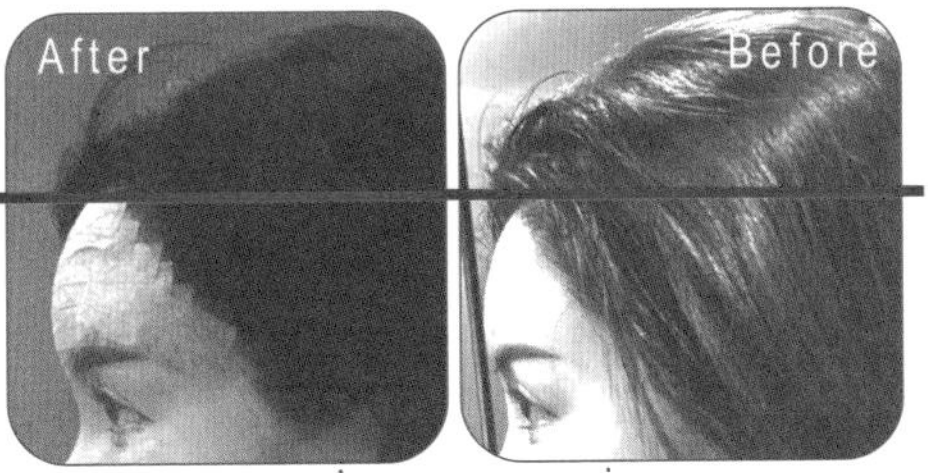

おでこ脂肪移植ビフォーアフター

顔の真ん中の骨を中抜きして、あごを引っこめて顔が短くなった

両顎整形前。面長の輪郭

修正してだいぶマシになったのですが、大変な思いをしました。この件については、YouTubeに上げているのでよかったら見てください。

どんな名医でも、なんでもできるわけではありません。自分のベースに沿った手術でないといびつな仕上がりになります。そこを諭して止めてくれるドクターであってほしいと思います。

両顎手術でも、ドクターによって言うことがバラバラ。削り方や、削る角度などによっても仕上がりが変わってきます。手術時間も長く、ダウンタイムもつらい、お金もかかる大変な手術なので、いろんな病院を回って納得のいくクリニックとドクターを選んでください。

YouTubeでもっと詳しく！

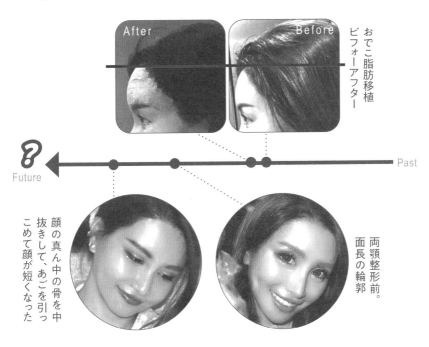

アラフォーで始める人も増えています

整形するのに年齢は関係ない

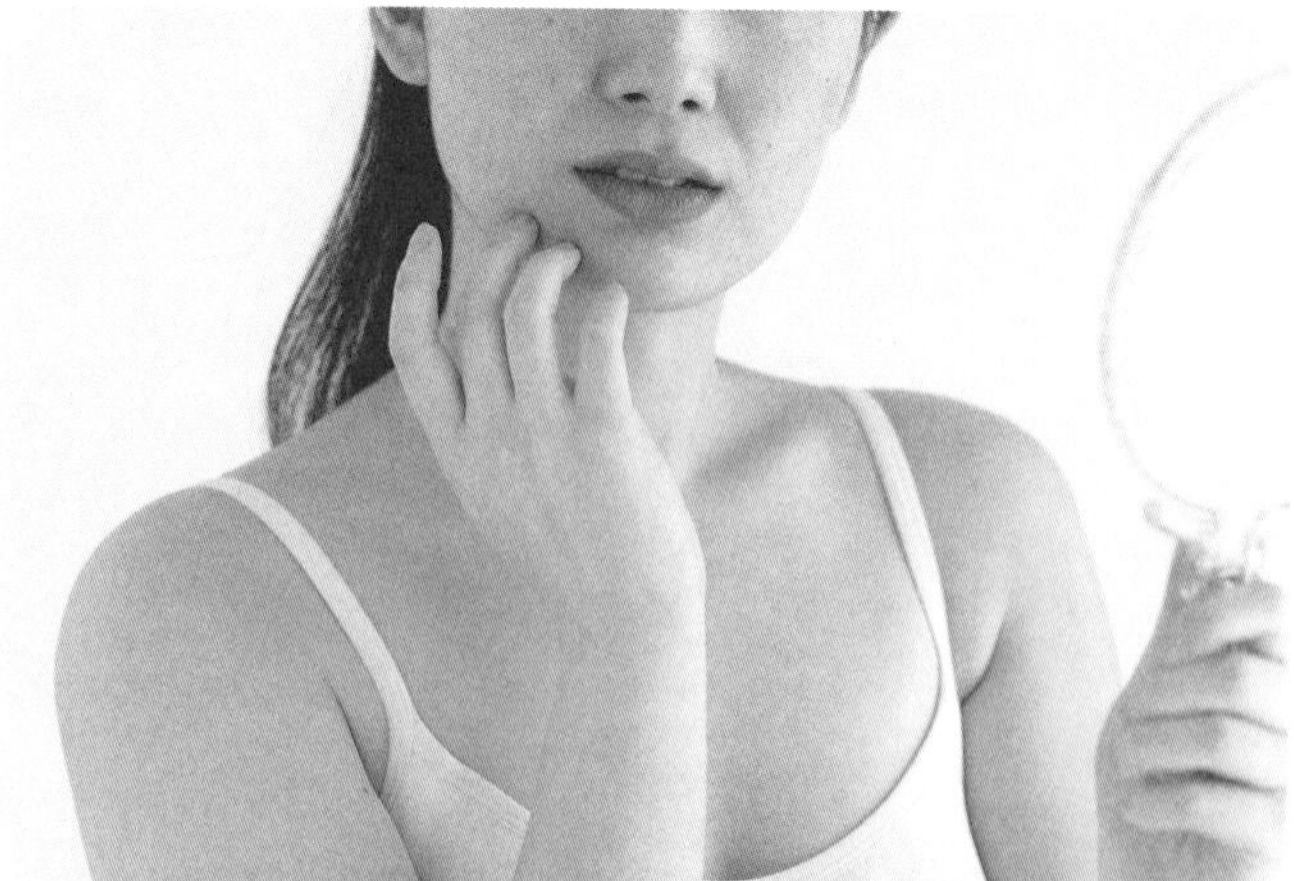

子どももがいても、いくつになっても、綺麗になるのを諦めないで！

ア ラフォーだけど、整形していいですか？」という相談をよく受けますが、「逆に何でそこで悩むの!?」と驚いてしまいます。私自身もアラフォーですが、整形はいつ始めても遅すぎることはありません。

アラフォーになると肌トラブルや加齢による衰えが、どんどん加速して増えてきます。だからこそ、ぐずぐず言っているヒマがあるなら、早くスタートしたほうがいいと思います。

お金があってスタイルがよく美容意識の高いお姉さま方がいますが、整形していないとやっぱり目の下のクマとかたるみとか、ほうれい線や目尻のシワとか、いろいろな部分の衰えが目につきます。どれだけエステや半身浴や筋トレで頑張っていても、無理している感が出てしまうのです。

潔く医療の力に頼っている人のほうが、ナチュラルに若見えしています。今は美容医療が発達しているから、美はお金で買えるし、見た目の若さも延長もできるのです。

港区界隈で知り合った可愛いお友達がいるのですが、本人が「23歳」と言うからそれを素直に信じていたら、先日私とほぼ同い年なことが発覚して、ひっくり返りました。私も両顎手術してから「若いね」と言ってもらえるけど、お友達に比べたら全然たいしたことありません。周りにもっと若見えがいるんです。

女優さんなど芸能人で「奇跡の若さ」と言われている人がいますが、そのレベルをキープできている人は、東京の都心にいたらゴロゴロ見かけるから、別に奇跡というほどではないのです。年齢なんて関係なしに、みんな好きなだけ綺麗・可愛いを目指したらいいなと思っています。

無理をせずプチ整形でもOK

同じような悩みとして「子どもがいるから整形できない」という声もよく聞きます。「子どもがいようがいまいが、自分の顔だし好きにすればいいのに……」と本気で思うのですが、子育て中だと、ママ友とか学校とか習い事とか、まだまだ整形に偏見のある面倒くさい人種が多いコミュニティと関わらざるを得ないのは知っています。

もし「他人に整形を指摘されたくない」、「できるだけバレずにひっそり綺麗になりたい」という気持ちが強いなら、無理せずにプチ整形の範囲でやっていけばいいと思います。例えば控えめな埋没二重とか、美肌系のレーザーでシミ取りするとか、ヒアルロン酸・ボトックス注射、糸リフトなどですね。それでもやるとやらないでは大違いです。

過去に私より断然美人だった子も、美にお金と手間をかけない人はどんどん離脱していきました。アラフォーなら年を重ねれば重ねるほど奇跡のすごい人扱いされてきて楽しいですよ。

最後に、アラフォーの私が思う整形以外で若く見えるコツ4選をご紹介します。

肌の衰えが加速する前に美と若さをお金で買おう!

①年齢を理由に行動することを諦めない。
②10歳下にも先輩風を吹かさない。対等に遊ぶ関係を築く。
③ガリガリは無理でもスレンダーを維持。
④日焼けしないように徹底する!
特に①が大切です! 行動して刺激を受けないと、どんどん老けていきますよ!

体【からだ】

どれだけ努力しても手に入れられない理想のカラダも美容医療なら実現可能

美容整形は、「理想の顔」をつくるだけではありません。自分にとって「理想のボディ」も手に入れることができます。

理想のボディとしてまず思い浮かぶのは、豊かなバストとくびれたウエスト。でも、バストは自分の意思や努力で大きくできるものではありません。バストアップをうたったサプリ、ナイトブラ、美容機器、エステなどが星の数ほどありますが、残念ながら本当に効果が実感できるような製品はなかなか見つかりません。

また、ダイエットは私たちにとって永遠の課題。くびれたウエストやほっそりした二の腕、すらりと伸びた細い脚という美ボディをつくるには、運動や食事制限などのダイエットを継続する必要があります。年齢が上がるごとに代謝が落ちて体形も変化するので、その難易度は上がっていきます。

そもそも、バストは脂肪でできているので、「豊かなバストとくびれたウエスト」という矛盾した状態を両立できるのは、恵まれた資質を持つごく一部の人だけ。そんなに太っていないのに、二の腕や太ももが太いというコンプレックスを持つ方もいます。また、痩せているのに下腹だけポッコリ出ているというケースもあります。

いずれにしても「ある特定の部位だけ」自分の努力で痩せるのは難しすぎますが、美容医療であれば実現可能です。本章では、ボディ整形の中でも代表的な豊かなバストを形成する「豊胸術」と、身体の余分な脂肪を除去する「脂肪吸引術」をご紹介します。

憧れの大きなバストに

豊胸

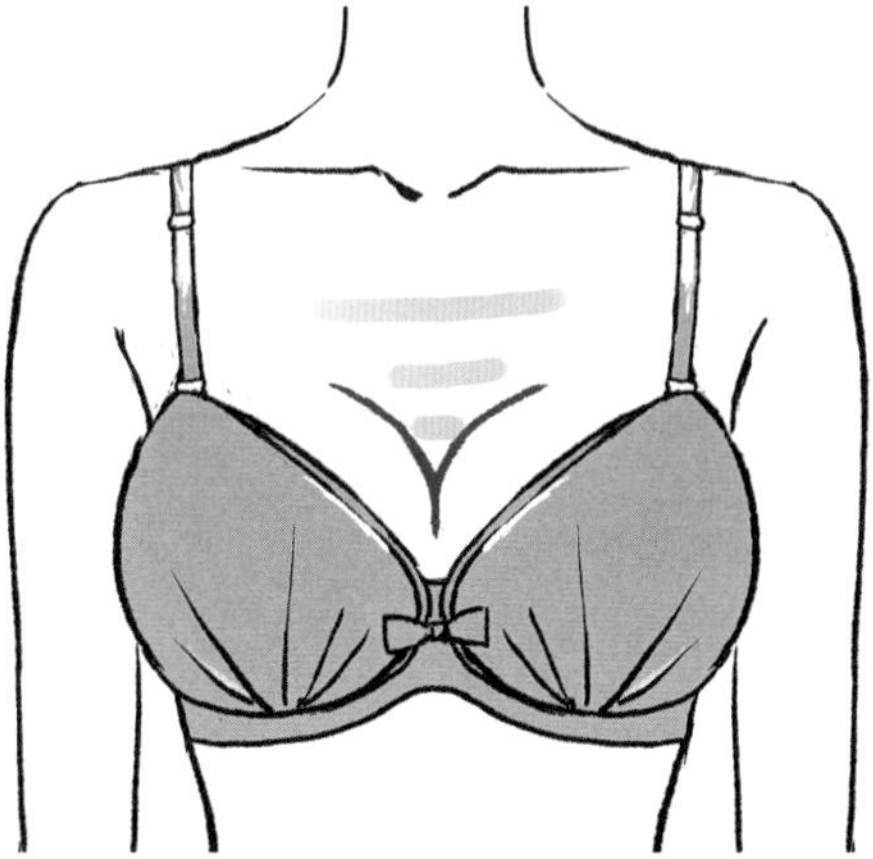

【シリコン豊胸】

シリコン豊胸は、希望サイズのシリコンバックを挿入するだけなので、一度の手術で完成する。何かあればすぐに抜けるのもメリット。デコルテの脂肪が少ない人の場合、シリコンバックの形が浮いて胸の谷間がY字になることがある

「豊胸」をする方法は、大きく分けて2種類あります。シリコンバックを入れる方法と、自分の脂肪を採取して、胸に移植する方法です。

【シリコンバック挿入法】 通常はワキの下か胸の下側を数センチ切開して、乳腺の下にシリコンバックを挿入します。ワキのシワや乳房の下ラインに沿って皮膚を切開するため、傷跡はあまり目立ちません。シリコンバックは多数の種類があり、どの製品を使うかで形状や柔らかさなどの仕上がりが変わってきます。

メリットは一度の手術で完成し大きさが維持できること、取り出しやすいことです。デメリットはシリコンバックの種類によっては、不自然さがあり、まれに破けたり、位置がずれたりするケースもあります。

Check!

バレたくないなら脂肪注入！

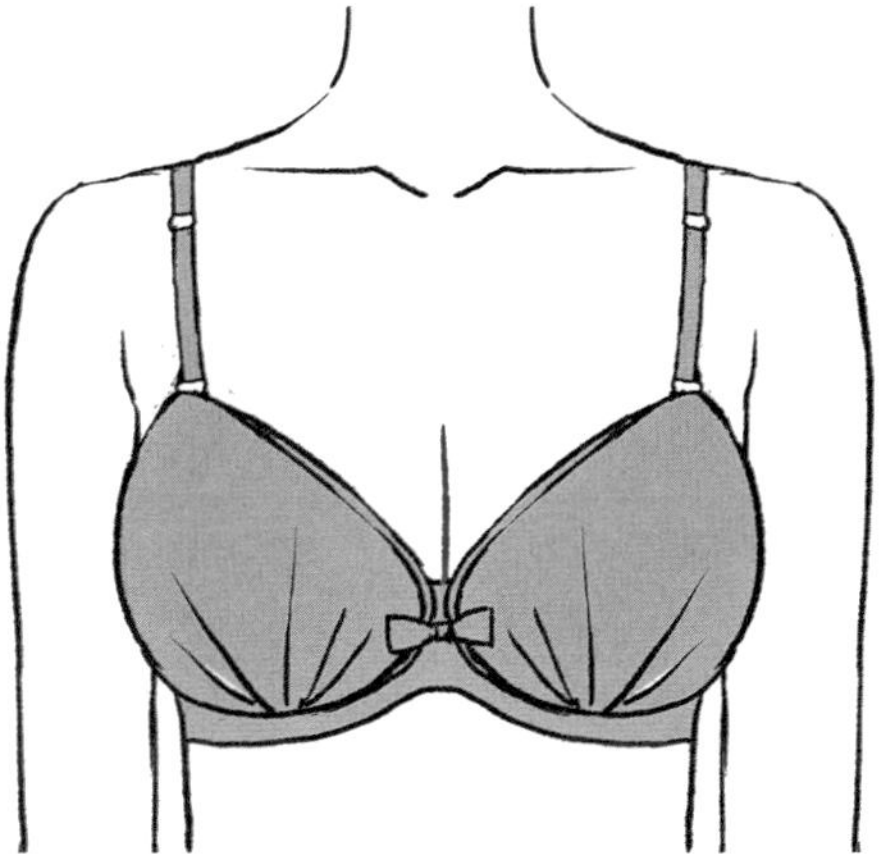

【脂肪注入】

脂肪注入豊胸では、自分の太ももやお腹から採取した脂肪をしこりやデコボコを防ぐために複数回に分けて注入する。自分の脂肪なので柔らかく、動きに違和感もないのでまずバレることはない。胸の谷間は自然に見えるＩ字になることが多い

【脂肪注入】脂肪注入による豊胸術は、自分の身体（太ももやお腹など）から脂肪を採取し、加工して精製した脂肪細胞を胸部に注入します。脂肪がどのくらい定着するかは、ドクターの技術や体質によって変わってきます。

メリットは自分の脂肪なので、自然で柔らかく、違和感がありません。デメリットは一度にたくさんの脂肪は入れられないため、複数回に分けて施術する必要があり、総コストが高くなりがちです。また、しこりのリスクがあり、定着率が予測しにくいです。

天然や脂肪豊胸の谷間は自然に見えるＩの字になりますが、シリコンバッグで豊胸したバストは谷間がＹの字になる可能性もあります（シリコンバッグの種類や挿入している場所、脂肪の厚さなどにより個人差があります）。

脂肪吸引

痩せにくい部位をピンポイントで

【上腹部】

【下腹部】

脂肪吸引は、カニューレで直接脂肪細胞を吸引するのでリバウンドが起きにくく、確実な痩身効果が得られる。ダイエットでは難しい「部分痩せ」が可能なので、狙った部分だけを細くし理想のボディラインをデザインできる

「脂肪吸引」とは、皮膚を数ミリ切開し、カニューレといわれる金属製の細い管を挿入して脂肪そのものを吸引する施術です。お腹やヒップの下、二の腕など、ピンポイントで部分痩せが可能です。

物理的に脂肪細胞を減らしてしまうので、リバウンドしにくいのも特長です。ダウンタイムもさほど長くありません。

脂肪吸引の機器にはいくつか種類があり、ただ脂肪を吸引するものから、超音波や熱で脂肪を溶かしてから吸引する機種（ベイザー）や、振動で脂肪細胞を砕いて吸引する機種（アキーセル）などがあります。

「脂肪吸引」は人気のある施術ですが、ドクターの技術によっては術後の仕上がりがデコボコになったり、肥満の方が

Check!

痩せにくい部位をピンポイントで

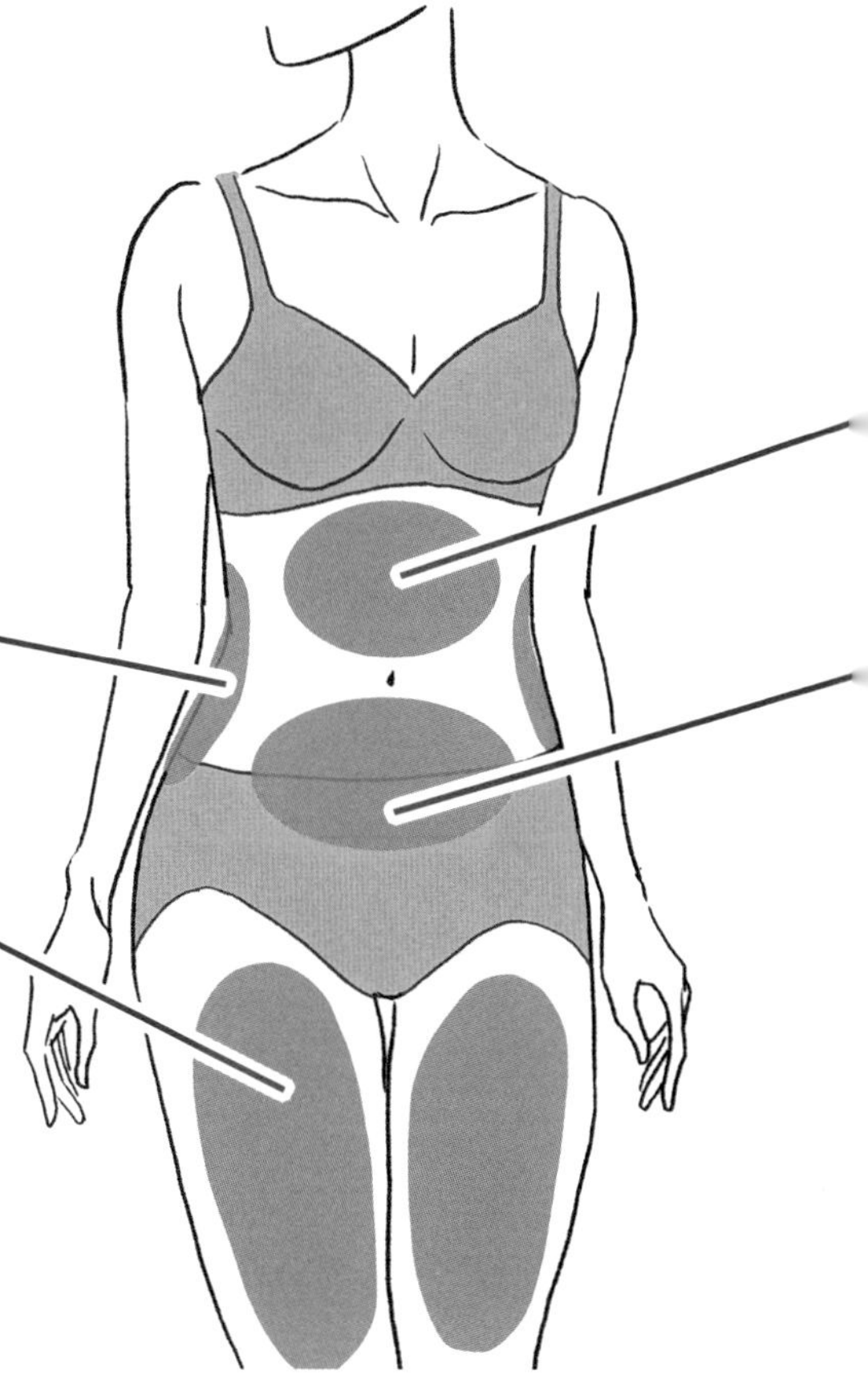

術後に爆食いすると、せっかく減った脂肪細胞が肥大化して太ってしまう可能性がある。脂肪吸引は永遠に痩せた体を手に入れられる魔法ではない。術後も努力が大切！

大量に脂肪を取ると皮が余ったりするリスクもあります。余った皮を切除する手術もできますが傷跡が残ります。「傷が綺麗な場合、あまり攻めて吸引していない」「攻めて吸引してくれた場合、傷が汚くなりがち」なので、その加減も見極めて医師選びしてください。

また、脂肪吸引では深刻な医療事故も複数起こっています。お腹の脂肪吸引中にカニューレで臓器を傷つけてしまう事故や、手術自体は無事に終わっても、その後に血栓などによって死亡したという事故が報告されています。

脂肪吸引を受ける際には、技術の高い信頼できるドクターとクリニックを選ぶことが大切です。そして術後も数日は無理をせず、不調を感じたら、すぐにクリニックを受診するようにしてください。

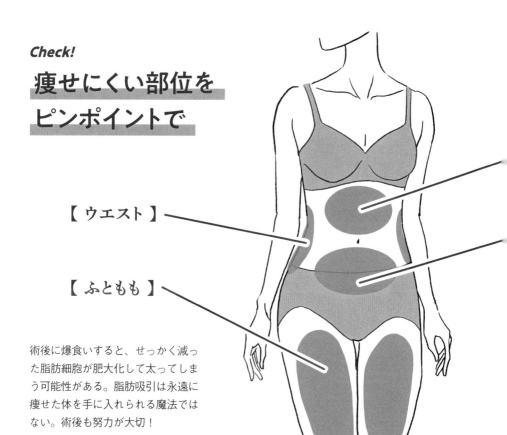

体のまとめ

Chapter 6

豊胸する前に「いったん太ってから」という選択肢も…？

私は豊胸も脂肪吸引も未経験ですが、もし「豊胸」するなら、シリコンバックよりも脂肪豊胸を選びます。仕上がりが自然ですし、友人が脂肪豊胸でBカップからJカップにしたのですが、大きいだけじゃなくて形も綺麗で、「カッコイイ！」と思いました。

ただ、採取する脂肪がないほどのスレンダー体形や、一見太っていても内蔵脂肪タイプの場合は、身体のいろんな部位から脂肪を取らなくてはいけないので、料金が高くなる可能性があります。

そのため「脂肪豊胸をするために、いったん太ってからカウンセリングに行く」という人もいます。とりあえず太ってから、脂肪を採取してバストに注入、術後3カ月は脂肪定着のために ダイエット厳禁なので、しばらくは太

私は豊胸も
脂肪吸引もしてません…
ダイエットを
頑張るのも大事！

ったままでいて、3カ月経ってから自分でボディメイクする……という流れで行うそうです。

「脂肪吸引」は手軽に脂肪を減らせるのがメリットですが、急に脂肪が減ったぶん、皮が余ってたるんでしまうケースがあります。しかし、これは運動や食事制限で急に痩せた人でもそうなるので、脂肪吸引だからというわけではありません。

その皮を縫い縮める手術もありますが大きな傷跡が残ります。レーザー治療によるケアでも傷跡は完全に消えません。身体から大量に脂肪を取る際には、そうした皮のたるみなどのリスクを引き受ける覚悟が必要です。

【食事制限・運動なしのダイエットサプリ】はブログで公開中！

すべてポジティブに考える！

幸せになるための整形

誰でも自分の顔に対して何かしらの不満やコンプレックスがあると思います。しかし今では、問題の多くは整形で解決することができます。私はそれを知っているので、ルックスのことで落ち込んだり悩んだりしません。それよりもっと可愛くなる方法を探した方が楽しいからです。

もちろん、整形には失敗のリスクもあります。例えば韓国で整形して、失敗されてクリニックと揉めたような場合。これが親や配偶者に隠れてこっそり整形している人だったら、本当にやばい状況ですし、さらに修正の方法がわからない、お金もないとなれば、絶望して人生のピンチに陥るかもしれません。

でも私の場合は、整形を公表していますし、もし失敗したとしてもそれをなおすだけの知見もあればお金もあるんです。それって、最強じゃないですか。もちろん失敗は嫌だし、修正も繰り返したくはないけれど、そこで絶望したりしないというのは強いです。


それに、もし整形でトラブルがあったとしても、それをSNSなどで公開して、マイナスの経験をプラスの収益に変えることもできます。転んでもタダでは起きません！

多分、私のそういうところが、インフ

「なりたい自分」には1日でも早くなったほうが人生を楽しめるよ！

ルエンサーとして活動できたり、投資の世界に入れたりしたことにつながっていると思います。

情報があるところに人は集まる

よくみんなから「整形してかわいくなったから人が寄ってくるの？」と聞かれるのですが、そうではありません。これだけ整形をやりこんでいるからこそ、「美容の話は絶対、この人に聞いたら間違いない」と思われて、仲良くなりたいって人が寄ってくるのです。

ＳＮＳの世界では、有益な情報を発信しないとフォロワー数が伸びません。もちろん、フォロワー数が多いから信頼できるというわけでもなく、よいことを発信して盛り上げる人もいれば、逆にネガティブなことを言って、その情報で課金させてやろうという人もいる魑魅魍魎みたいな世界でもあります。

その中で、私はストレートに自分の経験談を出してきました。いいことも悪いことも。中には誹謗中傷するオジたちから「ざまあみろ」と言われそうな失敗談も、ダウンタイム中の腫れた顔や傷跡も、嘘をつかずに出し続けたことで、それが価値ある情報として認められたのだと思います。

これだけ整形を繰り返して「もっと要領よくやればよかった」とか、「課金しすぎた」と病んだこともありますが、もし一発でうまくいって大成功だったら、いまや珍しくもない整形インフエンサーの中で、埋もれてしまっていたでしょう。

何度も繰り返して言っていますが、整

形できるっていうことは、恵まれていて、とても幸せなことだと思います。コンプレックスがあってなおしたくても、お金がなくてできないとか環境的にできないとか、そういう人がいっぱいいいるわけですから。

なので、これから整形すると決めた人は、ぜひ前向きに頑張ってください。「なりたい自分」を見つけたら、1日でも早くなったほうが人生を楽しめます。ただし、その前にしっかり整形の情報を集め、ちゃんとしたクリニック、技術の高いドクターを選んでくださいね！

時間と、金銭的余裕と周りからの理解があって顔以外には大した悩みがないっていうのは超幸せなことなのよ

おわりに

美容整形は「幸せの象徴」

本書を最後までお読みいただき、ありがとうございました！

最近はずいぶんメジャーになった美容整形。

とはいえ、まだまだ整形には誰にもバレないよう隠れてこっそりする、どこか暗いネガティブなイメージは残っています。

　しかし私は、美容整形は「幸せの象徴」だと思っています。

【ダウンタイムを取れる自由度の高い仕事をしている】

【金銭的余裕がある】

【周りの人間から理解を得られている】

それに加えて

【顔以外、大した悩みがない】

という、超恵まれた人間にしかできないです

から。

私は「美容整形をもっとポジティブなものとして、捉えてもらいたい」と考えています。実際に私は整形することでどんどん明るい気持ちになれました。

人がどう思うかは関係ありません。私は過去に比べて自分の好みの系統の顔になっているので、「さあ、可愛い服を着て出かけよう！」って気分が上がり、幸せに暮らしています。

ただ、なかには整形を後悔していたり、「整形したら人生変わると思ったのに、とくに変わらない」と嘆く子もいたりします。

ここは、声を大にしていいたいですが、そもそも整形をして人生が変わるわけではなく、「人生をよい方向に変えていく」その中の一つ手段として、美容整形があります。

整形で顔が変わるのは、あくまでもきっかけであり、よい人生を送るには自分自身が変わる必要があります。ここは忘れないで欲しいと思

いつだって自分を大好きでいられるように

います。

　また、外見に関して人の評価を気にする方は、整形に向いていないかもしれません。整形をすることで、周囲からはいろんな意見を言われるもの。私の元へも心無い声がたくさん届きます。

　そもそも、人には好みがあり、誰もが可愛い・綺麗と思う顔は存在しない。私は童顔が好きなので、顔を短くする骨切りの両顎手術をした今の顔が大好きですが、美人系が好きな人にはウケません。でもそれは仕方ないので、「そうなんだ。趣味ちがうね〜」と流しています。

　今の私はポジティブとかマインドが強いとよく言われますが、それは美容整形を通じて自分にとってよいものを選び、悪いものを遠ざけてきた結果です。

【自分より高いレベルの人は、応援してくれる】
【自分と同じレベルの人は、尊敬してくれる】
【自分より低いレベルの人は、バカにしてくる】

　そう思っているので、否定や攻撃をしてくる

らびちゃんの
最新情報は
こちらから

【YouTube】@rabichannn
動画で詳しく解説しています!

【X】@lisblanc_15
お気軽にフォローしてね!

【Instagram】@rabichannn
クリニックやドクターについてのご相談も◎
DM前にプロフィール文を読んでね

【オンラインサロン】
美容整形に詳しくなれること以外にも…!
仕事・お金・恋愛…人生を充実させたい
女性のためのコミュニティ

人はシャットアウトします。

私は20年以上も整形を続けてきたおかげで「過去の自分より、今の自分が一番可愛い！」と常に高い自己評価をキープできています。整形費用を稼ぐためにはじめた投資や、知識を生かして発信したインフルエンサーとしても評価を受けて、投資も成功して、誰かに頼らなくてもいい世界線で、楽しく生活しています。そんなアラフォー、最強じゃないですか？　こんなメンタルで、今後も明るく楽しく理想の顔を追求していこうと思います。

読者の皆さんもどうか他人の批評に右往左往せず、自分が好きな顔や美を追求してくださいね。そして、いつだって自分を大好きでいられるようになってほしいと願っています！

２０２４年６月　整形らびちゃん

整形らびちゃん

整形歴20年以上、課金4000万円超の人気インフルエンサー。毎日、整形の有益情報を更新、カウセ前のカウセとして整形の個別相談DMも受付中。オンラインサロンでは整形の知識だけでなく、オフ会や、整形費用を捻出するための特殊な不動産投資のノウハウなども惜しみなく発信中。

4000万超え課金インフルエンサーが教える
はじめての美容整形パーフェクトブック

しあわせ整形

2024年6月28日　初版第1刷発行

著　者	整形らびちゃん
編集発行人	早川和樹
編集協力	布施ゆき
イラスト	後藤知江
装　丁	ガオーワークス

発行・発売　株式会社大洋図書
〒101-0065
東京都千代田区西神田3-3-9　大洋ビル
電話：03-3263-2424（代表）

印刷・製本所　三共グラフィック株式会社

ISBN 978-4-8130-2298-5 C0095